Minha mãe é Maria!

Pe. EVALDO CÉSAR DE SOUZA, C.Ss.R.

Minha mãe é Maria!

EDITORA
SANTUÁRIO

Direção editorial	Pe. Marcelo C. Araújo, C.Ss.R.
Coordenação editorial	Ana Lúcia de Castro Leite
Copidesque	Leila Cristina Dinis Fernandes
Revisão	Ana Lúcia de Castro Leite
Diagramação	Marcelo Tsutomu Inomata
Capa	Rafael Domiciano

Dados Internacionais de Catalogação na Publicação (CIP)
(Câmara Brasileira do Livro, SP, Brasil)

Souza, Evaldo César de
  Minha mãe é Maria! / Evaldo César de Souza. – Aparecida, SP: Editora Santuário, 2014.

  ISBN 978-85-369-0343-9

  1. Espiritualidade 2. Maria, Virgem, Santa I. Título.

14-04214   CDD-232.91

Índices para catálogo sistemático:

1. Maria, Mãe de Deus: Espiritualidade:
   Cristianismo 232.91

4ª reimpressão

Todos os direitos reservados à **EDITORA SANTUÁRIO** – 2016

Composição, CTcP, impressão e acabamento:
Editora Santuário - Rua Pe. Claro Monteiro, 342
12570-000 – Aparecida-SP – Tel. (12) 3104-2000

Minha mãe é Maria!

Para começo de conversa...

Olá, querido devoto de Nossa Senhora! Vejo que este livro veio parar em suas mãos e isso deve ter um propósito especial, afinal Deus tem muitos caminhos para nos chamar e nos santificar, e a leitura de livros espirituais é sempre uma forma de aproximação tranquila ao coração da Santíssima Trindade.

Este livro é um desses caminhos que nos leva a Deus, um caminho que passa pela compreensão de que Deus realiza grandes coisas por meio de pequenos gestos. Um caminho que nos vai encantar, porque será feito na companhia de Maria, mãe de Jesus e nossa mãe. Ela, simples mulher, mãe e discípula de seu próprio Filho, tem muito a nos ensinar, sobretudo ela consegue reacender em nós o amor pelos valores cristãos, ensinamentos que corremos o risco de esquecer por causa da correria da vida!

Por isso este livro, ao tratar das virtudes de Nossa Senhora, é na verdade um caminho espiritual com Jesus Cristo.

Quando mergulhamos na vida de Maria, percebemos que tudo nela é reflexo de seu amor incondicional a Deus – ela adorava o Pai, que pelo Espírito Santo lhe fecundou o ventre e deu a ela a maternidade divina do Filho Jesus. Maria é toda ela envolvida pelo amor à Santíssima Trindade!

Tenho certeza de que a cada texto você vai conhecer e amar mais Nossa Senhora. Vai recordar os ensinamentos da Igreja sobre Maria e descobrir coisas novas, aumentando sua fé e seu amor pela Mãe de Jesus. E tudo isso de modo muito simples, em textos leves e agradáveis de ler, sempre encerrando com uma oração dedicada a Maria.

Este é um livro espiritual. Não é um tratado de teologia, apesar de ser profundamente teológico! Ele nasceu de algumas reflexões que fiz durante anos na Rádio Aparecida, no programa "Saudação Angélica". Eu havia guardado este material e, a convite da Editora Santuário, acabei o recuperando. Não sem certo trabalho eu os reescrevi, adaptei, completei os pensamentos e, assim, ofereço para você um livro que nasceu do amor que eu mesmo nutro por Nossa Senhora, um livro para você rezar sozinho, em família e em comunidade.

Quero que juntos nós tenhamos a convicção espiritual, unidos em Cristo Jesus, que Maria é nossa mãe e intercessora! Boa leitura!

O autor

Maria, escolhida do Senhor!

Ave, Maria! Com esta saudação o anjo Gabriel abriu o diálogo que mudaria todo o rumo da história. Naquele dia glorioso, surpreendida pelo convite de Deus, Maria passou a ser parte fundamental da história da salvação. O dia da Anunciação é celebrado com alegria por toda a Igreja no dia 25 de março. Na cidade de Nazaré, na Galileia, a Basílica da Anunciação protege até hoje o local onde a tradição marcou como a casa de Maria, lugar onde o Anjo conversou com Maria e deu a ela a notícia mais bela do mundo – a concepção do Filho de Deus.

Quantas vezes nós ficamos a imaginar como estava Maria na hora em que o anjo aproximou-se dela para anunciar-lhe a Boa-Nova da concepção de Jesus. Seria de manhã ou já era de tardezinha? Será que Maria estava em oração ou simplesmente estava em seus afazeres domésticos? Nunca saberemos! O certo é que naquele dia, naquela cidade, naquela casa simples, Deus repousou o Santo Espírito sobre Maria, e o Verbo se fez carne.

A menina pobre de Nazaré, prometida em casamento a José, foi escolhida por Deus para ser a Mãe de Jesus Cristo, nosso único Salvador. Com certo receio, Maria conversou com o anjo Gabriel e perguntou sobre como seria possível que ela fosse mãe. Seu casamento ainda estava longe. Ela ainda não convivia maritalmente com José.

O anjo Gabriel, figura do próprio Deus presente naquele instante, acalma a virgem de Nazaré, respondendo que seria o Espírito Santo o realizador daquele milagre. Mesmo sem ter relações com seu noivo, ela seria agraciada pelo Espírito e conceberia o Filho de Deus. *"A força do Altíssimo te cobrirá com sua sombra"* (Lc 1,35).

Maria, com o coração palpitante, respirou profundamente e afirmou, em poucas palavras, seu compromisso com Deus e com a humanidade: *"Eis aqui a serva do Senhor, faça-se em mim conforme os planos de Deus"* (Lc 1,38). O caminho da graça e da salvação foi aberto a todos os homens e mulheres da terra. O "sim" de Maria possibilitou que a graça de Deus invadisse a humanidade sedenta de redenção. É *tempo* de um novo começo! É o *kairós* de Deus, tempo de graça para o mundo!

Vamos rezar:

Ave, Maria, cheia de graça!

Obrigado, Maria, pelo vosso "sim" dado a Deus. Este vosso gesto de fidelidade abriu as portas da salvação e garantiu a felicidade eterna para toda a humanidade.

Ajudai-nos, Mãe querida, para que também digamos o nosso "sim" ao convite de Jesus Cristo. Que possamos, juntamente convosco, proclamar a Boa-Nova do Reino de Deus. Amém!

Maria, glorificada em Deus!

Uma das perguntas que frequentemente ouvimos é como deve ter sido o fim da vida de Maria, mãe de Jesus. Nada há nos evangelhos, mas muitas tradições inspiraram os cristãos desde os primeiros séculos – elas se tornaram base para o dogma da Assunção de Nossa Senhora, promulgado pelo Papa Pio XII no dia 1º de novembro de 1950.

Popularmente, essa certeza de que o corpo de Maria não conheceu a corrupção já era notícia corrente entre as comunidades cristãs, que não falavam da morte de Maria, mas de sua dormição! Essa tradição da fé católica é celebrada desde o século V. Essa denominação, "dormição de Maria", é muito forte nas igrejas do Oriente Cristão e entre nós está meio esquecida. Na tradição católica latina, a glorificação de Maria no Céu é conhecida e celebrada como a Assunção de Maria, que se refere ao mesmo mistério de fé! A liturgia celebra essa solenidade no dia 15 de agosto.

Segundo a tradição cristã, dizemos que Maria foi transportada para os céus, em corpo e alma, por um sonoro cortejo de Anjos. E nada mais natural que tenha sido assim, uma vez que a morte é o castigo infligido a Adão e à sua descendência (a humanidade), por causa do pecado original e dos pecados subsequentes. Maria é a Imaculada Conceição e estava cheia de graça, pelo mérito de ser a mãe de Nosso Senhor Jesus Cristo. Protegida pelo Espírito Santo, não cometeu nenhum pecado. Por conseguinte, acreditamos e professamos que a morte não atingiu o corpo de Maria, já que nas palavras do Apóstolo Paulo *"a morte é o salário do pecado"* (Rm 6,23).

E no céu, todo o seu amor, aquele carinho profundo e sem limites que Maria tinha pela Santíssima Trindade, estendeu-se a toda a humanidade. Junto de Deus, como auxiliar preciosa e eficaz, continua de maneira admirável sua maternal obra em benefício daqueles que buscam a sua inefável e tão querida proteção, assumindo verdadeiramente o lugar de mãe da humanidade.

O papa emérito, Bento XVI, grande teólogo, em uma homilia sobre a Assunção de Nossa Senhora assim se expressou: *"Maria é elevada em corpo e alma à glória do céu e com Deus e em Deus é rainha do céu e da terra. Porventura, está tão distante de nós? É verdadeiro o contrário. Precisamente porque está com Deus e em Deus, está pertíssimo de cada um de nós. Quando estava na terra podia somente estar perto de algumas pessoas. Estando em Deus, que está próximo de nós, que está no 'interior' de todos nós, Maria participa nesta aproximação de Deus. Estando em Deus e com Deus, está perto de cada um de nós, conhece o nosso coração, pode ouvir as nossas orações, pode ajudar-nos com a sua bondade materna e é-nos dada como disse o Senhor como 'mãe', à qual podemos dirigir-nos em todos os momentos".*

É por isso que, ao olharmos uma imagem da Virgem Maria, seja qual o título que damos a ela, sentimos um alento indescritível no coração, um ânimo acalentador que nos revigora espiritualmente e conforta a alma. É o aroma de seu imenso e grandioso amor, que transbordando desde a eternidade, inunda as suas imagens de uma ternura sem par.

Vamos rezar:

Maria, apresentada no livro do Apocalipse como a Mulher vestida de sol, com a lua debaixo dos pés e tendo na cabeça uma coroa de doze estrelas, vós, que na vida cumpristes em plenitude vossa vocação, não nos deixeis levar pelo materialismo vazio e nem pelo apego às coisas terrenas, mas que vivamos atentos às coisas do alto, a fim de participarmos da sua glória. Amém!

Maria, mãe da confiança!

O tempo passa rápido. Quase não temos tempo de parar e pensar nas coisas importantes da vida. Perdemos tempo demais discutindo coisas pequenas e esquecemos o maior segredo da vida: buscar Deus em todos os caminhos. *"Buscai primeiro o Reino de Deus e tudo mais recebereis por acréscimo"* (Mt 6,33).

Maria de Nazaré soube viver uma vida plena de Deus. Nunca gastou tempo em coisas inúteis. Toda a sua vida foi uma intensa ação de graças a Deus. Maria foi sempre tão dedicada ao projeto de amor aos mais pequeninos que o Pai do Céu, olhando para a humanidade, não encontrou coração mais puro que o dela. E Deus quis escolher Maria para ser a mãe de Jesus.

De fato, a Palavra de Deus nos afirma que, *"na plenitude dos tempos, Deus enviou seu Filho ao mundo, nascido de mulher, sujeito à Lei, para redimir os que eram sujeitos à Lei"* (Gl 4,4). Maria, que certamente não imaginava receber tão maravilhosa graça, aceitou com devoção o pedido de Deus.

"Eis aqui a serva do Senhor" (Lc 1,38). Que confiança absoluta na Providência Divina transparece nessa frase. Ser servo de Deus significa entregar todas as vontades egoístas nas mãos do Pai. Significa deixar de lado todas as capas do orgulho de lado e abaixar para lavar os pés dos sofredores. O gesto de Maria será repetido por Jesus na última ceia. O Filho de Deus vai levar ao extremo os gestos de amor ao próximo. Alguém duvida que foi com Maria que Jesus aprendeu a tratar com respeito e carinho seus semelhantes? Que melhor mestra na fé poderia ter tido o Filho de Deus senão Maria Santíssima?

Maria, mãe de Jesus, foi um vaso escolhido, mas teve uma vida normal como qualquer outra mulher. Nunca se ouviu dos lábios de Maria palavras orgulhosas ou vanglórias. Sua maternidade foi discreta e serena. Tão profundo era seu relacionamento com Deus Pai que, mesmo diante da morte de seu filho, ela não teve dúvidas. Certamente Maria sofreu como sofre toda mãe que precisa assistir à morte de um filho. Mas sua posição, em pé, diante da cruz, mostra que Maria já sabia que as promessas de Deus não seriam esquecidas. Deus é fiel sempre!

Não é estranho que a mãe de Jesus não tenha ido ao túmulo na manhã do domingo? Por que Maria não quis ir visitar o lugar onde sepultaram Jesus? Ora, *"Maria guardava todas as coisas no coração"* (Lc 2,51). Ela sabia que seu filho iria morrer, mas Deus Pai o ressuscitaria no terceiro dia. Foi a confiança em Deus que reteve Maria em casa. Ela sabia que naquela manhã, no domingo mais glorioso da história, seu filho já não estaria morto. A morte foi vencida. Jesus ressuscitou! E Maria, aquela que acreditou acima de todas as esperanças, foi a primeira a viver a alegria dessa ressurreição.

Vamos rezar:

Ó Maria, mãe da confiança, permanecei conosco na hora em que nos faltarem a serenidade e a paciência. Concedei-nos ao menos uma gota de vossa confiança em Deus e permiti-nos aproximar de vosso Filho com o coração desejoso de conversão. Sede companheira nos caminhos da nossa vida e se porventura de nós aproximarem-se as tristezas e dores, concedei-nos a fortaleza e a tranquilidade. Amém.

Maria, conselheira espiritual!

Nos últimos momentos de sua vida, pregado na cruz, tendo perto de si somente o apóstolo João, Maria Madalena e sua mãe Maria, Jesus teve ainda tempo de nos oferecer um presente maravilhoso. Ele não quis ver-nos órfãos, por isso pediu a João, símbolo da Igreja, que acolhesse Maria como sua própria mãe. Na cruz, o Senhor entregou-nos sua mãe, para ser "a Mãe de cada um de nós". Sem dúvida, foi o mais querido e valioso presente para a humanidade em todas as gerações. *"Eis aí a tua mãe"* (Jo 19,27).

Certamente, pensando em tomar sempre as melhores decisões, os discípulos buscavam os conselhos e pediam sugestões a Maria, porque sua palavra serena trazia luz para problemas que, de início, pareciam impossíveis de serem resolvidos. Todos que a procuravam recebiam uma especial atenção, os mais zelosos cuidados. Maria ajuda na escolha do melhor caminho, da vereda mais sólida e segura para encontrar a perfeição espiritual e a beleza moral, guiando-nos na direção do Criador.

Imaginamos que devia ser assim, pois desde esse tempo Maria converteu-se na mulher que facilita nosso encontro com Jesus. Ela é a grande intercessora do Pai. Ainda hoje, quando queremos que Jesus nos atenda com mais rapidez, confiamos em Maria para nos levar até Ele com nossas súplicas!

Em Maria também estava toda a história de Jesus. Ela era a única pessoa que podia relembrar a todos as travessuras do menino Deus e dos detalhes de seu crescimento. Podemos imaginar quantas vezes Maria sentou-se diante dos fiéis e contou, com voz suave, aquelas deliciosas lembranças de seu Divino e tão amado Filho!

E quantas e quantas vezes também os discípulos sentavam-se ao seu redor e pediam que lhes contassem passagens da vida de Nosso Senhor, que ela descrevesse os hábitos e as lições de Jesus. Eram lições de ternura, de uma permanente fidelidade e um imenso e ilimitado amor. Ao que tudo indica, o evangelista Lucas foi um bom ouvinte das histórias que Maria contava sobre Jesus e as registrou em seu Evangelho. Graças a ele e às memórias da mãe de Jesus, nós hoje podemos saber como o Filho de Deus veio morar no meio de nós!

Vamos rezar:

Ó Maria, fazei que todos aqueles que creem no vosso Filho anunciem aos homens do nosso tempo o Evangelho da Vida. Alcançai-lhes a graça de acolher a Palavra de Deus como um dom sempre novo, a alegria de celebrar a vida com gratidão e a coragem para testemunhar o amor de Jesus Cristo. Amém.

Maria, mãe das dores!

Uma das coisas mais bonitas que aprendemos com Jesus é que Deus nos perdoa sempre. Ele mesmo, ao deixar-se morrer na cruz, realizou o gesto absoluto de perdão de nossos pecados. Mesmo quando tudo parece ruir diante de nós, mesmo quando nosso pecado é grande, Deus está ali, de braços abertos, para nos acolher e perdoar. E ao lado da cruz, olhando para o filho e intercedendo por todos nós, Maria, mãe das Dores, estava em pé. Ficar em pé, na hora da dor, significa ter fortaleza. Significa suportar a dor com serenidade e confiança.

Que silêncio profundo reinava ao redor da cruz! O mesmo silêncio que nos cerca quando estamos sofrendo! Maria, a mãe das dores, convida-nos a olhar para além do presente e antecipar a certeza da ressurreição. Fixar o olhar no futuro ajuda-nos a vencer os sofrimentos presentes.

Maria aprendeu a lidar com o sofrimento desde a concepção de Jesus. Quando foi ao Templo apresentar seu primogênito a Deus, Maria foi avisada, pelo velho Simeão, que uma espada de dor seria cravada em seu coração. Com o filho recém-nascido precisou refugiar-se no Egito. Sua vida, de mãe, esposa e mulher, cercou-se de muitas dores: perdeu seu filho adolescente em Jerusalém, durante a festa da Páscoa Judaica, e sofreu novamente quando ele resolveu sair de casa para realizar sua missão.

Mas a dor maior foi acompanhar seu filho no caminho do calvário. Ali, Maria viveu, juntamente com o filho, toda a intensidade da suprema dor humana. Sendo mãe, Maria sentiu na carne a dor extrema de ver um filho sendo morto injustamente. Como expressar com palavras o que sentiu o coração de Maria quando, aos pés da cruz, recebeu nos braços seu filho já morto? Aqui, o silêncio da mãe da Piedade é todo ele cheio de dor!

Maria, invocada como Mãe das Dores, é o bálsamo de amor que conforta os corações de tantas mães, que ainda hoje precisam enfrentar a perda de um filho querido. Quantas mulheres não suportam agonias imensas para socorrer seus filhos na hora da dor? Maria é um porto seguro nesses momentos. Ela, que em pé permaneceu durante a morte do filho, pode seguramente manter o nosso coração sereno na hora da dor.

Vamos rezar:

Na hora em que tudo parece desmoronar à nossa frente, Mãe das Dores, mostrai-nos vosso rosto sereno que traz alento ao nosso coração. Que vossa presença, amiga e certa, seja consolo na dor e inspire-nos a serenidade necessária para evitar o desespero e a angústia. Ficai conosco, Maria, hoje e sempre. Amém!

Maria, mãe da esperança!

Deus nos fala no silêncio. Maria, a virgem do silêncio, é pedagoga da fé com seu jeito silencioso de estar com o Pai. Ela sabia que quando tudo se aquieta, então Deus consegue falar ao nosso coração. Quando silenciamos, percebemos que, como Maria, é possível rezar a todo instante, mesmo nos trabalhos e preocupações cotidianas. A vida vai tornando-se uma grande oração.

No silêncio de nossa oração, nesse instante, saudamos Maria como a Mãe da Esperança. No poema do *Magnificat* (Lc 1,46-56), Maria exulta em Deus, que a escolheu para a sublime missão de ser a Mãe do seu Filho único, Jesus Cristo. Do profundo de seu ser, Maria agradece a Deus. Maria sabe de sua origem humilde e sente-se agraciada pelo amor de Deus, que olhou justamente a simplicidade de sua vida.

Maria é realmente a bem-aventurada de Deus! Nela estão presentes todas as virtudes cristãs, sobremaneira o amor pelo seu filho Jesus e o amor pelo próximo. Toda a sua vida foi de serviço e doação, e agora, ao lado de Jesus no Céu, ela continua intercedendo continuamente pelos homens e mulheres. Quando tudo parece perdido, Maria é capaz de animar nosso coração para continuar lutando. Maria nos ensina esperar acima de toda esperança. Junto com ela aprendemos a confiar plenamente em Deus.

A esperança é virtude cristã das mais valiosas. Pela esperança, os pobres e abandonados mantêm sua serenidade e paciência. Eles sabem, movidos por ela, que Deus sempre derruba os poderosos dos tronos e eleva os humildes. Nosso Deus vai retirar do chão os fracos e despedir os ricos com as mãos vazias. Para Deus, o valor de ser humano não está nas roupas ou aparências. Deus vê o interior, observa o coração. Deus não usa medidas humanas. Ele vê o interior, o coração de cada um.

Por isso Maria foi a grande exaltada de Deus. A mulher pobre de Nazaré, pelo fato de ter cumprido fielmente sua vocação, recebeu o título de Rainha dos Céus e da Terra. Sua pobreza e simplicidade foram caminhos que a levaram para perto do trono de Deus. Ela nunca duvidou do amor de Deus e Nele manteve firme sua esperança.

Vamos rezar:

Ó Maria, Mãe da Esperança, alimentai em nós a confiança plena em Deus e, se por acaso o desespero se aproximar, dai-nos a certeza de que convosco podemos vencer todos os obstáculos da vida. Amém!

Maria, uma história de fé!

Cada criatura, por mais simples que seja, reflete a beleza de Deus. E entre todas as flores do Jardim Divino, a mais bela, pela pureza e pela riqueza, é Maria. Chamada desde o ventre de sua mãe Ana para ser a mulher da qual nasceria o Salvador do Mundo, Maria foi concebida sem pecado, dádiva misteriosa de Deus que privilegiou a mãe de seu filho primogênito. Desse modo, Jesus pode receber alento em um útero sagrado e puro. O seio de Maria é o mais nobre sacrário de todos os tempos!

Existem muitos modos de pensar em Maria. Podemos imaginá-la simplesmente como sendo a menina de Nazaré, aquela jovenzinha que foi prometida em casamento a José, que vivia e professava os costumes de sua época. Maria era uma mulher judia. Foi educada para ficar em casa, cuidar do marido e das coisas domésticas. Muito provavelmente não sabia ler nem escrever. Sendo mulher, Maria não podia ficar nas varandas conversando futilidades com suas vizinhas e muito menos trocar palavras com homens nas ruas. Mas pensar somente esse lado histórico de Maria é muito pouco. Temos que olhá-la com os olhos da fé.

E a fé nos conduz ao Antigo Testamento, raiz de toda a revelação de Deus. No Antigo Testamento encontramos figuras de mulheres corajosas e cheias de fé, mulheres que prepararam o terreno para que surgisse Maria, a mais bendita entre as mulheres. A profecia do Gênesis, segundo a qual a descendência da mulher esmagaria a cabeça da serpente, realiza-se em Maria.

O desejo da maternidade, que encontramos nas matriarcas bíblicas, cumpre-se plenamente em Maria, a mãe por excelência. A luta das mulheres por liberdade culmina na total disponibilidade de Maria para ser a mulher de um novo tempo. O olhar da fé nos mostra que toda a história da salvação foi uma preparação para a plenitude dos tempos, quando nascido de mulher Jesus veio habitar o mundo e salvá-lo.

As histórias do Antigo Testamento são como um húmus fecundo, no qual se enraíza cada um dos personagens do Novo Testamento. Jesus é o novo Adão, aquele que redime pela obediência ao Pai. E Maria, a nova Eva, aquela que pela maternidade de um só converteu-se na mãe de toda a humanidade.

Somente pela fé podemos amar Maria. Somente pela fé conseguimos perceber quão grande foi o gesto de acolher o Redentor. Somente pela fé podemos dirigir-nos a ela e pronunciar: *"Santa Maria, mãe de Deus, rogai por nós seus filhos, nós que cometemos pecado, que somos frágeis e fracos, mas que sonhamos em acertar e desejamos sua companhia agora e, sobretudo, na hora em que vier nos visitar a morte".* Quanto consolo nos trazem essas palavras! Quanto aconchego no colo da mãe!

Queremos renovar nosso olhar de fé. Maria, mulher bíblica e mãe das mães. Façamos o firme propósito de meditar com mais intensidade a Palavra de Deus, acolher a Boa-Nova em nossa casa e trabalho, e, especialmente, que sejamos como Maria, que tudo guardava no coração e cuja vida foi uma constante ação de graças a Deus.

Salve, mãe da humanidade!

Vamos rezar:

Mãe querida, que fostes humilde e serva de todos, e que pela fé vos convertestes em mãe de todos os viventes, dai-nos amparo materno e não deixeis que nos afastemos de vosso Filho Jesus, o Cristo Salvador. Amém!

Maria, mãe do Redentor!

Maria é a bem-aventurada de Deus. Nela foram realizadas as promessas feitas ao povo. Maria foi mulher forte, mãe zelosa e amiga presente nos momentos de dor e sofrimento do filho. Mas dentre todas as virtudes de Maria, destaca-se a sua maternidade.

Maria é a mãe do Redentor. Escolhida pela sabedoria de Deus, Maria disse "sim" ao projeto de redenção. Maria assemelha-se a uma montanha, com seus dois lados: ao mesmo tempo em que se volta para Deus, Maria mostra seu carinho aos homens e mulheres de boa vontade. Seríamos injustos se falássemos de Maria apenas como a mulher preferida de Deus, esquecendo que sua vocação é estar unida ao ser humano em busca de Jesus Cristo.

Maria está unida ao filho pelos laços da maternidade e pelos laços da missão. Foi agraciada pelo Espírito Santo e foi coroada de alegria por causa de sua união com Jesus Cristo.

Porém, como mulher, pertencente a um povo, Maria carrega a herança de Adão e liga-se a todos nós pelo vínculo da humanidade. O sangue de Adão, pai da humanidade, faz de Maria nossa irmã. Nas palavras de Paulo VI, *"Maria é filha da Igreja e irmã nossa, por que ela também foi remida por Cristo, de uma forma privilegiada e eminente"*.

Maria, ao entrar na história da salvação, cumpre a promessa bíblica e esmaga o mal com seus calcanhares. Por suportar junto com o filho as dores da cruz, Maria torna-se a corredentora da humanidade. Maria é a imagem do cristão que, mesmo diante da dor, não desanima e permanece em pé. E pensar que existem aqueles que se dizem cristãos e que não amam a mãe de Jesus!

A mãe do Redentor, pela graça absoluta de Deus, foi preservada de todo pecado e mereceu viver com Cristo a experiência da dor mais profunda. Sendo mãe de Cristo, Maria acompanhou até as entranhas os passos do filho e sentiu de perto o peso do amor. Ela guardava tudo no coração. Coração de mãe é fonte inesgotável de memórias. Lembrava Maria das peripécias da infância de Jesus? Lembrava Maria das primeiras palavras do filho? Será que Maria recordava o dia em que Jesus deixou sua casa para proclamar a Boa-Nova do Reino? Certamente sim. Ser mãe é *"conhecer fibra por fibra o coração dos filhos"*, diz-nos uma canção popular. Maria conhecia seu filho. Sabia do projeto de Deus e das responsabilidades de sua maternidade. Nunca desanimou, apesar do cansaço. E do mesmo modo como cuidou de Jesus, hoje ela cuida de nós, como mãe protetora e amável.

Vamos rezar:

Guardai-nos, mãe do Redentor, e dai-nos a graça necessária para encontrar em vós o refúgio seguro nas noites de tormenta. Abri os braços em nossa direção e acolhei nossas fragilidades. Lembrai-vos de nós da mesma forma que lembrastes a vida toda de Cristo. E quando nos ocorrer desanimar, inspirai-nos a fortaleza para que nos mantenhamos firmes, em pé, diante da cruz. Amém.

Maria, mãe de Jesus e nossa mãe!

Em maio, no segundo domingo do mês, costumamos celebrar o Dia das Mães. Dia de misterioso significado. Toda maternidade é um dom de Deus e somente aquelas que são agraciadas com tal dom conseguem entender o valor divino da vida. Toda mãe carrega em si traços de Maria. A mãe de Jesus é mãe por excelência, modelo de ternura e dedicação, exemplo de fortaleza e dedicação.

Nas palavras do querido Padre Zezinho, *"em cada mulher que a terra criou, um traço de Deus Maria deixou, um sonho de mãe Maria plantou, para o mundo encontrar a paz"*. E é exatamente isso: em Maria todas as mães encontram inspiração para educar os filhos e filhas nos caminhos da paz e da justiça. Em Maria, filha predileta de Deus, as mães podem encontrar abrigo seguro nas horas da dor e do desespero. Juntamente com Maria, é possível superar as dificuldades da vida e tocar em frente os projetos familiares.

Maria é chamada de Mãe de Deus. O dogma da maternidade divina acompanha o povo cristão desde o começo da Igreja. Mas isso não é vaidade ou orgulho para Maria, afinal tudo nela refere-se a Jesus. Nas representações de Maria, sobretudo na tradição iconográfica oriental, seu olhar e seus gestos indicam a pessoa de seu filho Jesus. Nela tudo existe para a glorificação de Jesus. Nele encontramos a salvação e a nossa boa mãe, Maria, quer que nos aproximemos deste manancial de graça.

Nos Evangelhos encontramos a afirmação de que Jesus nasceu de Maria. Jesus, humano e divino, encontrou abrigo no seio puríssimo de Maria. Deus quis ter uma mãe. Nas palavras de São Paulo, na carta aos Gálatas, Jesus nasceu na plenitude dos tempos de uma mulher. Com isso, o apóstolo mostra a dignidade de todos os seres humanos e eleva Maria à categoria de bem-aventurada. Sua feminilidade expressa o amor de Deus que renova a vida a cada instante e possibilita aos homens acreditar num futuro mais digno e fraterno. E sua grande missão foi tornar possível a existência de Jesus Cristo entre nós.

Maria é nossa mãe também. Escolhida por Deus desde o início do mundo para ser a mãe de Cristo, Maria converteu-se na mãe de todos os batizados. Não somos órfãos, mas podemos recorrer à proteção de nossa querida mãezinha todas as vezes que nos sentirmos sozinhos e desesperados. Nada há de excessos em louvar Maria. Quem louva Maria, suas virtudes, títulos e poder, louva em última instância nosso único e bom Deus, pois é dele que emana toda virtude e carismas. Quanto mais admirável é o louvor a Maria, tanto mais sublime é o louvor dado a Deus.

Vamos rezar:

Ó minha mãe, Senhora Puríssima, eleita desde sempre para ser a mãe de Jesus Cristo, mãe de todos os homens, mãe da Igreja. Fazei de nós verdadeiro povo de Deus. Guiai-nos à presença de vosso amado Filho Jesus. Manifestai aos homens e às mulheres da terra sua bondade de mãe e ensinai-nos a amar nosso próximo com o mesmo amor que dedicais a nós, vossos diletos filhos. Amém.

Maria, mãe dos necessitados!

Nós, devotos de Maria, somos convidados a manter sempre uma atitude interior de silêncio e oração. Assim aprendemos da própria mãe de Deus, que durante toda a vida sempre conservou o semblante sereno e o coração em comunhão silenciosa com Deus. Sua vida foi toda voltada para o seguimento de seu Filho Jesus. Com ele Maria caminhou nos momentos de alegria e na hora do sofrimento.

Ao cristão é dado imitar os gestos concretos de Maria em favor de seu povo. Mulher madura na fé, cheia do Espírito Santo e dotada de uma força de vontade sem precedentes, Maria fez mais que rezar e meditar as palavras de Jesus. Ela lançou-se no cumprimento concreto da Palavra de Deus. Podemos destacar dois momentos da vida de Maria nos quais prevaleceu sua disposição em servir os mais necessitados: a visita a Isabel, sua prima, e a colaboração com os noivos nas bodas em Caná, na Galileia.

Na primeira cena, narrada para nós por São Lucas (Lc 1,39-45), ficamos sabendo que Maria, ao saber da gravidez de Isabel, parte *imediatamente* em auxílio da prima. Enfrenta a difícil e longa jornada até a casa de Zacarias e Isabel e coloca-se à disposição da gestante. Maria sabe que uma gravidez requer cuidados, sobretudo no caso de Isabel, que já tem idade avançada. Ela, jovem, na flor da idade, presta ajuda imensa para a mãe de João Batista. Isabel sabe agradecer. Reconhece em Maria a presença de Deus e a recebe em sua casa com ares de júbilo e emoção: *"Bendita sois vós, ó minha querida prima Maria, entre todas as mulheres deste mundo. Bendito é o fruto do vosso ventre. Bendita é a vossa presença entre nós, auxílio dos enfraquecidos"* (Lc 1,42).

O outro momento no qual encontramos Maria servindo os necessitados é aquela festa de casamento, narrada por São João, em seu Evangelho. Diz-nos o evangelista que em Caná, na Galileia, acontecia uma festa de bodas (Jo 2,1-11). Maria estava lá, assim como Jesus e seus discípulos. No auge da festa, quando todos estavam envolvidos pela alegria, Maria, guiada pelo instinto materno de proteção e cuidado, percebe que o vinho está acabando. Com jeitinho, Maria manifesta a Jesus sua preocupação. O jovem Jesus parece não dar atenção à sua mãe: *"Mulher, minha hora ainda não chegou"* (Jo 2,4).

Maria não se assusta com a resposta do filho. Ela conhece aquele que foi gerado no seu ventre. Tranquilamente, com toda a autoridade conferida pela maternidade, Maria coloca seu filho numa situação difícil: *"Façam tudo o que Ele vos disser"* (Jo 2,5). Diante da palavra da mãe, Jesus deixa de lado o projeto que tinha feito e adianta o exercício de seu ministério público. Inspirado pela força do Espírito, ele inaugura um tempo novo, em que o vinho da vida é abundante. Fazer tudo o que Jesus nos disser. Esse é o grande pedido de Maria. Ela nunca pede nada para si, mas sempre pensa no outro. Maria une assim, de maneira magistral, a vida íntima de oração e contemplação, com os gestos concretos de apoio aos mais necessitados.

Vamos rezar:

Maria, ajudai-nos a ter sensibilidade com os mais necessitados e a sermos capazes de servir sempre e em toda situação. Dai-nos um coração pobre para com os pobres, e que no rosto de cada homem e de cada mulher que sofre consigamos ver o semblante de vosso Santíssimo Filho, Jesus. Amém!

Maria, coração que tudo acolhe!

A Igreja – e o cristão católico – sempre devotou a Maria um culto de especial significação. Desde sua origem, nossa Igreja católica, sacramento da salvação, reconhece Maria como medianeira das graças. Afetuosamente a chamamos de intercessora, pois pelas mãos da Mãe todo pedido chega rapidamente ao coração de Deus.

Deus podia ter enviado Jesus para nos salvar de muitos meios. Mas conhecendo a condição humana, Deus quis que seu filho viesse ao mundo como qualquer outra criança. Foi concebido no ventre de uma mulher e encontrou-se com a humanidade numa fria noite, entre palhas e animais. Sua mãe, Maria, amorosamente o acolheu e dele cuidou com todas as preocupações normais de uma mãe. Os evangelhos nos testemunham que Maria guardava todas as coisas em seu coração. Cada gesto e palavra de Jesus eram refletidos pela mãe. Às vezes, ela não compreendia o que Jesus fazia, mas nunca duvidou de que o amor de Deus estava presente na vida daquela criança.

Podemos recordar aquele dia no Templo de Jerusalém, quando os pais de Jesus subiram com ele em peregrinação religiosa, para celebrar a Páscoa dos judeus. Toda família judaica era convidada a visitar o grande templo por ocasião da Páscoa e recordar a libertação do povo das mãos do Faraó do Egito. Naquela ocasião, Jesus já era um adolescente, tinha 12 anos, podia entrar no templo, na parte destinada aos homens, e proclamar ali a Palavra de Deus. Os meninos judeus, na idade de 12 anos, passavam a ter maioridade religiosa.

Depois de alguns dias em Jerusalém, Maria e José voltavam para Nazaré. Pensando que Jesus estava na caravana, caminharam cerca de um dia. De repente, guiada pelo instinto materno, Maria percebe a ausência do filho. Ele não estava com José, nem com nenhum dos outros parentes. Desespero total! Maria e José voltam para a cidade. Procuram o filho entre a multidão. Qual não foi a surpresa dos pais quando o viram conversando com os doutores da Lei dentro do templo.

Maria guardou no coração aquele encontro. O filho lhe disse que estava cuidando das coisas de seu Pai. Primeiro sinal da vocação do filho. Ele já sentia pulsar em seu coração a vida divina. Maria não soube o que dizer! Silêncio e docilidade! Apenas o chamou e o reconduziu a Nazaré, onde ele crescia em sabedoria, estatura e graça diante de Deus e dos homens.

Nem sempre entendemos os caminhos que nos são confiados pelas mãos do Pai, mas a atitude de confiança é fundamental para que cheguemos ao final da jornada com o coração cheio de alegria. Maria nunca se preocupou com o caminho que Deus tinha preparado para ela. Apenas disse sim. Nela Deus encontrou resposta positiva para todos os seus planos e por isso Maria foi agraciada com a herança da vida plena. Quem dera soubéssemos meditar e guardar com confiança a Palavra de Deus dentro de nós e fazê-la frutificar em boas obras aos mais necessitados.

Vamos rezar:

Ó Maria, mãe da confiança, cobri nossa vida com o dom da fidelidade, protegei nossos caminhos e iluminai-nos no momento de decisão. Sede presença amorosa nas horas difíceis. Sede companheira da jornada e abrigo na chegada. Abençoai, ó Mãe de Deus, a estrada da nossa vida e dai-nos coragem para responder sim ao projeto de Deus. Amém.

Maria, mãe de Fátima!

Em Portugal, na cidade de Fátima, onde hoje se encontra um belíssimo santuário, três crianças tiveram o privilégio de fazer uma experiência mística com a mãe de Deus. Acontecia a primeira grande guerra mundial. A Europa sofria com a briga sanguinária entre as nações e inocentes eram massacrados em todos os países. A cidade de Fátima era uma pequena localidade, sem expressão nenhuma. O povo local, simples e trabalhador, não imaginava a surpresa que Deus e Maria reservavam para eles.

No dia 13 de maio de 1917, Lúcia, Jacinta e Francisco estavam pastoreando nas colinas, perto do local chamado Cova da Iria. A mais velha era Lúcia de Jesus, bastante alta e forte para os seus dez anos. Ela já tinha feito a sua primeira comunhão. Os seus dois primos, Francisco e Jacinta, tinham respectivamente nove e sete anos. Nenhum deles sabia ler: pobres filhos da serra, alegres e despreocupados, brincavam nesse dia de primavera, enquanto as ovelhas pastavam pacificamente.

Por volta da hora do almoço, Lúcia começa a rezar o terço com seus primos. De repente, sobre uma pequena árvore, surge um clarão e a figura "de uma Senhora vestida de branco, mais brilhante que o sol, reluzindo mais clara e intensa que um copo de cristal cheio de água cristalina, atravessado pelos raios de sol mais ardente". A Virgem conversa com as crianças e lhes abençoa.

As crianças mudam radicalmente. Passam a rezar mais e a fazer sacrifícios diários. Relatam aos pais e às autoridades religiosas o que se passou. Logo, uma multidão começa a acompanhar o encontro das crianças com Nossa Senhora. As mensagens trazidas por Ela pediam ao povo orações, penitências, conversão e fé. Maria insistia na oração do Rosário, insistindo para que cada conta do terço fosse declinada com devoção e piedade. Poucos anos depois os primos Francisco e Jacinta morreram. A mais velha tornou-se religiosa de clausura, tomando o nome de Lúcia de Jesus, e permaneceu sem contato com o mundo por muitas dezenas de anos. Lúcia faleceu em 2005.

A Virgem de Fátima, mãe de Deus e nossa, trouxe ao mundo a mensagem de conversão e encontro com Deus. Com Maria nós aprendemos a buscar Jesus Cristo como nosso único salvador. Infelizmente, muitas ideias errôneas sobre a virgem de Fátima entraram na vida do povo, como palavras sobre o fim do mundo e previsões mirabolantes. Sua presença em Fátima quis simplesmente revelar ao mundo que Deus ama cada um de nós e nos quer unidos a ele todos os dias da vida. O resto é especulação e não merece ser proclamado.

Vamos rezar:

Santíssima Virgem, que nos montes de Fátima vos dignastes revelar aos três pastorzinhos os tesouros de graças que podemos alcançar rezando o Santo Rosário, ajudai-nos a apreciar sempre mais essa santa oração, a fim de que, meditando os mistérios da nossa redenção, alcancemos as graças que vos pedimos. Por Cristo, nosso Senhor. Amém!

Maria, mãe da verdadeira devoção!

Você é devoto de Nossa Senhora? Espero que sim. Nada mais sublime que um católico que, adorando a Santíssima Trindade – Pai, Filho e o Espírito Santo – tenha também especial veneração pela mãe de Jesus. Mas para que nossa devoção mariana seja um meio seguro de louvar Maria da forma adequada e verdadeira, são necessárias algumas atitudes fundamentais.

Primeiramente, nossa devoção deve ser interior, profundamente enraizada em nossa vida de fé e voltada para o amor de Deus sobre todas as coisas. Somente quando nossa devoção é interior, tem sentido expressá-la por meio de gestos concretos de amor a Maria. Assim, só quem ama verdadeiramente a Mãe do Céu pode debruçar sobre a oração do Rosário com convicção e fé; somente a fé em Maria garante que nossas ladainhas e aclamações sejam realmente fruto de nosso coração orante.

Em segundo lugar, a nossa devoção a Maria deve ser terna e carinhosa. Quando pensamos em Maria, estamos pensando numa mãe profundamente preocupada com nossa felicidade e realização. Por isso, é de bom grado ser amorosos com ela. Amor expresso na vida de oração, no seguimento do Evangelho de seu Filho Jesus e nos gestos de caridade com os mais abandonados.

Nossa devoção também deve ser santa e desinteressada, ou seja, deve levar-nos a querer imitar o amor de Maria por Deus e pelos homens. Se a nossa devoção é simplesmente interesseira, ansiando por milagres e intervenções sobrenaturais, não compreendemos ainda o que significa louvar Nossa Senhora. Devemos antes de tudo dedicar a ela nosso agradecimento por tudo que já recebemos por sua intercessão. Depois, precisamos aprender de Maria a ser santos e a servir nossos irmãos e irmãs com alegria, exercendo nossos dons e carismas para a transformação de nossa realidade. O resto é graça. Ser agraciado significa receber sem pedir, alcançar por intermédio exclusivo do amor. Assim, se acreditamos que a Mãe nos ama, basta confiar e deixar com que ela realize as maravilhas de Deus.

Enfim, nosso amor e nossa devoção a Maria devem ser firmes e constantes, e não frutos de um fervor passageiro ou sentimental. Aquele que volta seu olhar para Maria somente nos momentos de desespero não sabe que o amor de mãe também quer ser agradecido. Às vezes, pedimos demais e agradecemos de menos. Outras vezes, pedimos na dor e nos esquecemos de louvar quando tudo está bem.

A devoção a Maria nos leva a consagrar nossa vida a ela. Consagrar a vida a Maria é entregar tudo o que temos para que ela tome conta de nós e nos conduza serenamente ao encontro de Jesus, nosso Redentor. Quem ama Maria, segue o caminho de Jesus Cristo. Nele encontramos a razão da nossa vida. Amar a Jesus e fazer tudo o que ele pede de nós, este é o grande sonho de Maria para a humanidade.

Vamos rezar:

Formosa Estrela minha! Queremos seguir convosco o caminho de Jesus Cristo. Conduzi-nos pela mão como filhos, embora nem sempre sejamos dignos desse amor. Convidai-nos à santidade e levai a Deus nossas súplicas. Deixai-nos, Mãezinha, ficar a vossos pés e louvar-vos com todo o nosso coração. Amém!

Maria, Santa Maria!

É um costume salutar na devoção mariana a recitação das ladainhas de Nossa Senhora. Por meio de uma série de invocações carinhosas e ternas, dedicamos a Maria o merecido louvor por sua presença em nossa vida. E são tantas as virtudes e títulos de Maria que mesmo uma longa ladainha não seria capaz de enumerar todas as benesses que a Virgem recebeu de Deus.

Quando louvamos Maria, certamente glorificamos a Deus. Todas as virtudes da mãe são presentes dados por Deus. Ele, único Senhor, agraciou Maria com dons inumeráveis. Ela, mãe generosa, derrama sobre nós essas bênçãos que recebeu de Deus. E como aquele que partilha sempre aumenta o que tem, assim é Maria. Ao doar aos filhos as benesses de Deus, Maria continua plena de graças.

Uma das primeiras invocações da ladainha de Nossa Senhora é chamá-la de santa mãe de Deus. Santa Maria! Santo é todo aquele que se consagra a Deus. A palavra consagrar significa unir-se ao sagrado, voltar-se plenamente ao amor de Deus. É ser sagrado junto com. Assim é Maria. Desde seu nascimento foi escolhida, amada e querida para ser uma mulher consagrada a Deus, todo o ser de Maria era devotado a Deus e aos mais necessitados.

Quando o anjo Gabriel visitou Maria para lhe dar o anúncio da concepção e nascimento de Jesus, ele a saudou dizendo *"Ave, Maria, o senhor está conosco"* (Lc 1,28). Foi o próprio Deus quem quis estar com Maria. Ela não fez nada de extraordinário para merecer essa graça. Apenas consagrou-se toda ao Senhor e dele recebeu a dignidade de ser a mãe de seu filho único, Jesus Cristo. No seio virgem de Maria, Deus encontrou recanto seguro para formar-se como homem. Nove meses de gestação, carinho e cuidados.

Em Jesus, Filho de Deus, ficou para sempre registrada a marca humana da mãe. De Maria, Jesus recebeu as características físicas e genéticas, recebeu o carisma e a educação para bem relacionar-se com as pessoas, recebeu a docilidade e o amor à Palavra de Deus. Ele foi, nas palavras de Santo Agostinho, *"a carne de sua mãe"*.

E ao gerar o Filho de Deus, dando-lhe a constituição física, Maria recebeu de Deus a marca divina de Jesus. O Filho de Deus imprimiu em Nossa Senhora o sinal da santidade, da harmonia e da fidelidade. Maria é santa porque gerou o único santo, Jesus Cristo. Maria é santa porque viveu, dia a dia, a vontade de Deus. *"Eis a serva do Senhor"* – frase curta e referencial para entendermos a disponibilidade absoluta de Maria para o projeto do Reino de Deus.

Vamos rezar:

Mãe de Jesus e nossa mãe, ajudai-nos a buscar a verdadeira santidade. Inspirai-nos a aventura de trilhar os caminhos mais estreitos e alcançar o Reino do Céu. Livrai-nos dos caminhos do erro e da mentira, guiai-nos pela verdade e possibilitai-nos ver em Jesus Cristo o Pastor bondoso e manso. Amém!

Maria, muitos títulos, uma só mulher!

Reconhecemos a Virgem Santíssima como a "Bem-Aventurada" de Deus. Antes de nós, muitos louvaram a misericórdia com que Deus revestiu a humilde serva de Nazaré. Depois de nós, muitos prosseguirão evocando o santo nome da Serva do Senhor, a mais feliz entre todas as mulheres. Todas as gerações exaltarão a fidelidade e o abandono de Nossa Senhora à vontade do Senhor: *"Eis aqui a serva do Senhor; faça-se em mim segundo a vossa palavra!"* (Lc 1,38).

Os cristãos espalhados pelo mundo inteiro reconhecem Maria como Mãe e medianeira das graças. E para torná-la mais próxima, cada povo e cada cultura revestiram Maria com características diferentes. A mãe de Jesus, aquela pobre menina de Nazaré, é então celebrada e amada com os mais diversos títulos e louvações.

Essas invocações marianas sobem aos céus nos mais variados idiomas, brotadas do coração de todas as raças, nações e povos. O nome santíssimo de Maria, presente nos lábios de homens e mulheres simples, manifesta uma fé autêntica, enraizada no evangelho de Lucas, que se transmite de geração em geração, sob a guarda da Igreja de Jesus Cristo – o Senhor Deus olhou para a humildade da jovem de Nazaré e nela fez maravilhas! Por isso, o nome do Senhor é santo!

Cada título glorioso diz respeito a uma única mulher, a mais bendita entre todas: Maria de Nazaré, a Mãe de Deus e nossa Mãe. São muitas invocações, mas Nossa Senhora é uma só pessoa. Nossa Senhora nos foi dada como mãe pelo próprio filho Jesus na hora de sua morte. João, o discípulo amado a acolheu, recebeu-a em sua casa, em nosso nome. Essa mulher, aquela que gerou Jesus, é reconhecida, amada e venerada por meio de muitos títulos pelo mundo afora.

Quais os títulos de Maria que você conhece? Qual aquele que mais fala perto do seu coração? Para o povo brasileiro, Maria é a mãe Aparecida, Padroeira do Brasil, rainha do povo sofrido, intercessora nas horas das angústias. Maria, mãe Aparecida, foi encontrada nas águas do rio Paraíba por três humildes pescadores. Sua cor escura é a cor do povo humilhado. Seu semblante sereno mostra seu amor de mãe, suas mãos postas revelam que ela é mulher de oração e contato com Deus.

Mas também temos grande amor por outras invocações marianas. É praticamente impossível dizer com quantos nomes Maria é louvada pelo mundo. Ela é mãe de Fátima e de Lourdes, mãe do Perpétuo Socorro e Rainha dos Apóstolos. Maria é Mãe das Dores, da Piedade, Maria é Mãe Admirável e Mãe das Graças. Quando foi venerada sobre a rocha, tornou-se Virgem da Penha e quando nos ensinou a rezar tornou-se a mãe do santo Rosário. Todos esses títulos, que fique claro, referem-se a uma mesma mulher. Maria de Nazaré, mãe de Jesus e nossa. Ela é o porto seguro de nossas vidas, o colo amoroso no qual eu deito a minha cabeça quando o cansaço aperta.

Segundo o Catecismo da Igreja Católica, o culto à Mãe de Deus é diferente do culto à Santíssima Trindade, pois enquanto adoramos Deus Uno e Trino, nós veneramos a Mãe de Deus. Maria não ocupa o lugar de Deus, mas ajuda-nos a chegar perto do único e verdadeiro Salvador, seu Filho e Senhor nosso, Jesus Cristo. O único sonho de Maria é que cada cristão viva de acordo com o projeto de amor de seu Filho Jesus Cristo. Ela é cheia de graça, e por isso pode conceder-nos um pouquinho desta graça de Deus para a condução de nossa vida.

Maria, em inúmeros santuários e capelas, nas metrópoles e aldeias, nas pobres casas de chão batido e nos palácios, é bálsamo para aliviar-nos os momentos de sofrimento. Escondida em grutas, enfeitadas em andores, discretamente amada em oratórios e altares, Maria está sempre de braços abertos para nos receber como filhos e filhas e derramar sobre nós as bênçãos do Céu.

Vamos rezar:

Santa Mãe de Deus, venerada pelo mundo com tantos títulos diferentes, presença amiga nas horas difíceis, Mãe amorosa que nos acolhe e nos acalenta, colo materno que nos sustenta, fonte de graças e de bênçãos, olhai por nós hoje e sempre. Amém.

Maria, mulher de doce nome!

Sempre quando pronuncio o nome da mãe de Jesus, eu me sinto abraçado: como é doce o nome de Maria. Sua maternidade espiritual não tem limites! Isso já sabiam os apóstolos e seus sucessores, e desde os primeiros tempos do cristianismo foi introduzido na Igreja o culto à Mãe de Jesus, nosso Redentor! Santo Inácio de Antioquia nos mostra que a tradição de venerar a Mãe de Deus já era comum no primeiro século cristão, como lemos em um de seus escritos: *"Filho de Deus pelo desejo e poder de Deus, nasceu verdadeiramente de uma Virgem"* (Santo Inácio de Antioquia, *Carta aos Magnésios*). O próprio Lutero, estopim da reforma protestante, não tinha receio de exclamar: *"Maria é a maior e a mais nobre joia da Cristandade logo após Cristo. Ela é nobre, sábia e santamente personificada. Jamais conseguiremos honrá-la suficientemente"* (Martinho Lutero, *Sermão do Natal de 1531*).

Um dos momentos mais bonitos na vida de Jesus e de Maria é a cena acontecida nas Bodas de Caná. O evangelista São João assim escreveu: *"Jesus foi convidado para o casamento e os seus discípulos também. Ora, não havia mais vinho, pois o vinho do casamento tinha-se acabado. Então a mãe de Jesus lhe disse: 'Eles não têm mais vinho'. Respondeu-lhe Jesus: 'Que queres de mim, mulher? Minha hora ainda não chegou'. Sua mãe disse aos serventes: 'Fazei tudo o que ele vos disser'"* (Jo 2,1-5). Essa narrativa me faz pensar em Maria e encontrar nela pelo menos *quatro qualidades* principais:

1. Maria tem a percepção aguçada de que algo está errado na festa: o vinho está acabando. Aqui ela é uma *mãe amorosa!* Talvez hoje isso não signifique muito, contudo, para aquela época faltar vinho na festa era um grave sinal de desrespeito. Prontamente ela se coloca a serviço do amor, pois deseja que todos os detalhes sejam felizes e, para tanto, conta com a ajuda de seu filho, que a todos pode ajudar. Também hoje ela intercede no céu junto a seu filho Jesus por nossas necessidades. Por isso a Igreja chama Maria de Medianeira das Graças, pois através de sua intervenção Cristo irá sempre se manifestar.

2. É na simplicidade das coisas cotidianas que Deus sempre se manifesta. Maria apresenta a necessidade dos noivos ao coração do filho – *Eles não têm mais vinho!* De que outro modo ela poderia expressar ao filho sua preocupação? Mais simples impossível. Maria apresenta-se com *mãe da simplicidade.* Ela nos ensina como orar e também nos ensina que oração não é a somatória de palavras, mas sim a multiplicação da fé.

Ela é toda banhada pela confiança em Deus. A fé de Maria, em sua simplicidade, inspira a vida daquele homem de fé, que segundo nos conta a historinha popular, vai à igreja pedir a Deus por chuva e consigo leva o guarda-chuva.

3. Maria também inspira confiança. "Fazei tudo aquilo que ele vos disser." Ela não sabe o que ele irá fazer, qual será o seu método, qual será o seu tempo, sabe apenas uma única coisa: que Cristo não irá desapontar. Também nós em nossa vida cotidiana devemos aprender da Mãe Maria que em nossas necessidades e dificuldades não devemos fazer outra coisa a não ser confiar, abandonar, esperar sem desespero. Quando entrega ao filho a tarefa de animar aquela festa, Maria se apresenta a nós como *mãe da confiança*!

4. Sabemos bem que onde há amor, aí não há interesse próprio. Do amor nada se consegue com interesses. No coração piedoso de Maria não há espaço para nada além do amor ao próximo e do bem perfeito. Maria é abnegação, é renúncia própria, é serviço por todos, é austeridade pela humanidade. Mesmo sabendo que sua hora ainda não havia chegado, Jesus atende o seu pedido, pois diante do amor e da confiança Deus nada pode fazer. Ao agir assim, ela se torna nossa *mãe intercessora*.

Mãe amorosa, simples, confiante, intercessora. Diante de uma mulher com tais virtudes não podemos ficar indiferentes. Por isso podemos dizer com todas as letras: como é bom pronunciar com respeito e amor o doce nome da Virgem Maria!

Vamos rezar:

Dulcíssima Esperança, belo amor de Deus e intercessora nossa, Maria Santíssima, dai-nos a graça de fazer despertar em nós as virtudes que em vosso coração são tão abundantes. Amém!

Maria, modelo de oração!

Maria tinha suas atividades de mãe e de esposa. Mas certamente, ao final de cada tarde, parava um pouquinho com as tarefas da casa e, olhando o horizonte, agradecia a Deus tanta bondade nela depositada. Serenamente pronunciava palavras de louvor e possivelmente pedia saúde e paz para sua santa família de Nazaré. Nada há de mais bonito que agradecer a Deus. Com Maria aprendemos o valor da oração diária e perseverante.

Maria, mulher de oração, sabia fazer de cada momento de sua vida uma profunda experiência de oração. Com ela aprendemos que rezar nada mais é que conversar filialmente com Deus. Que tal então reservar mais tempo para essa conversa diária com o Senhor? Que tal ter mais momentos de profundo contato com Deus? Para aquele que crê e confia, até mesmos os afazeres do dia a dia podem converter-se em oração. Quando depositamos amor naquilo que fazemos, nossa vida toda se torna oração... Orar na ação!

Quando paro e penso em Maria, mãe trabalhadora, logo me vem à mente aquela cena belíssima do evangelho de São Lucas. A cena da visitação de Maria! Maria, que acabara de receber o anúncio do Anjo Gabriel, ainda sem entender muito bem o que aquilo significaria, senta na cama e prepara uma pequena mala, com o necessário e essencial para uma viagem. O anjo Gabriel havia dito também da gravidez de Isabel, sua prima, e Maria sente que é preciso ir ajudá-la. Apressadamente, ela parte em direção das montanhas de Judá ao encontro de sua prima Isabel, para prestar-lhe auxílio nos meses finais da gravidez.

Maria, que também estava grávida, não se preocupou em primeiro lugar consigo ou com enxovais para seu bebê. O mais importante naquele momento era ajudar Isabel, afinal sua prima era idosa e precisaria evitar esforços desnecessários na gravidez. Menina disposta e alegre, Maria certamente trouxe ares de alegria à casa da prima, fazendo do lar, as vésperas do nascimento de João, um verdadeiro santuário da presença de Deus. Jesus, em seu ventre, era o verdadeiro Santíssimo na casa de Isabel, convertida na mais simples e gloriosa capela.

Quando aprendemos a rezar de verdade, descobrimos que oração é serviço ao mais necessitado, é expressão de amor com quem mais necessita de ajuda. Nós todos somos convidados a fazer também da nossa vida um exemplo de serviço ao próximo. Servir com gestos concretos e com oração constante. Certamente, teremos dores e sofrimentos durante a vida, mas tendo uma vida de oração e embalados pela presença de Maria, conseguiremos seguir adiante, de cabeça erguida. Que Maria, leve-nos a Jesus e que nele sejamos envolvidos pelo amor de Deus, que tudo realiza de bom para seus filhos.

Vamos rezar:

Maria, que nos ensinais o sentido pleno da palavra oração, ajudai-nos a entender que uma prece verdadeira é aquela que rende louvor a Deus e presta auxílio aos mais necessitados. Dai-nos, ó mãe bondosa, rezar com a vida e fazer da vida toda uma grande oração! Amém!

Maria, mãe das memórias amorosas!

Você já recebeu a visita de algum evangélico na porta de sua casa, tentando convencê-lo de que nós, católicos, adoramos imagens e estamos condenados? Ou então, você já foi procurado por estes irmãos de outras religiões que tentam convencer-nos de que Maria não merece o louvor que a ela devotamos? Usam passagens bíblicas de modo aleatório para criticar nossa veneração e nosso costume de ter imagens em casa e querem, a todo custo, provar que nossa devoção mariana não tem sentido. Obviamente, não são todos os grupos protestantes que têm essa atitude. Algumas Igrejas mais tradicionais e históricas sabem valorizar a mãe de Jesus e têm muita clareza doutrinal.

Mas para aqueles que insistem em falar mal de Maria, nós, católicos, temos de encher nossos pulmões e dizer com santo orgulho: somos eternos devedores do amor de Deus que nos concedeu Maria. Nela Deus se fez homem e nasceu, entre os pobres, para nos salvar. São Paulo, na carta aos Gálatas, afirma que quando chegou a plenitude dos tempos, Deus enviou seu filho nascido de mulher. Esta mulher é Maria, mãe do filho de Deus, mãe de Deus e nossa mãe. Como não reconhecer o valor da maternidade de Maria? Como é possível para aqueles que dizem amar tanto Jesus não louvar a mulher que nos possibilitou que ele nascesse?

No Novo Testamento encontramos poucas, mas significativas, passagens sobre a vida de Maria. Não são longas descrições, mas na economia de palavras Maria soube expressar a clareza de sua pertença a Deus. A virgem do silêncio falou muito mais por meio de gestos e converteu-se em modelo ideal de mulher e de cristã. O evangelista que mais fala de Maria é Lucas. Talvez pelo fato de se interessar pela infância do menino Jesus, Lucas precisou buscar com a mãe informações que fossem certas e verídicas. Graças a ele ficamos sabendo que Jesus nasceu pobre, longe de casa, e foi visitado pelas gentes simples do campo. Também é Lucas quem nos informa que Maria guardava tudo o que via e ouvia em seu coração. A memória de Maria era uma memória de amor. Mais do que fatos e dados, Maria convertia em ensinamentos as passagens da vida de seu filho. Do coração de Maria brota a história mais bela da humanidade. Deus amou seu povo de modo extremo e veio morar conosco! Emanuel!

É no tempo do Natal que vivemos intensamente as memórias de Maria. Ali, diante do presépio, nós somos levados a contemplar o Filho de Deus e, graças às lembranças das histórias que Maria viveu e contou ao evangelista Lucas, hoje podemos reviver os detalhes daquela santa noite em Belém. A revelação do Filho transforma nosso cotidiano. A luz que é Jesus brilha ainda mais forte nos corações que se dedicam a amar o próximo. E Maria, a estrela da evangelização, também refulge com esplendor. Nada melhor que dedicar a ela nossa família, nosso trabalho, nossas dores e alegrias. Sabemos que, ao lado de Maria, estaremos certamente ao lado de Jesus. Que o Espírito Santo nos ajude a guardar também as coisas boas em nosso coração, assim como fez e faz Maria.

Vamos rezar:

Maria, mãe de memória afetuosa, que tudo guardava e meditava no coração, ajudai-nos a ter também uma vida agradecida a Deus e, acima de tudo, ensinai-nos a defender nossa fé e jamais abandonar nossa religião. Amém!

Maria, Nossa Senhora!

Alguém me perguntou por que chamamos Maria de Nossa Senhora? Esse título, tão carinhoso, é muito querido pelo povo brasileiro. Será exagero chamar Maria de Nossa Senhora, uma vez que só um é o Senhor, Jesus Cristo? Acredito que não! Ela é realmente aquela a quem podemos recorrer como intercessora e medianeira. Pelas mãos de Maria somos conduzidos tranquilamente até Jesus.

O Papa Pio XII (1876-1958), em um de seus escritos, intitulado *"A realeza de Maria"*, ressalta que ela é também coroada com a realeza que possui seu Filho Jesus. Já que Cristo Jesus é o rei do Universo, sua mãe, por extensão da graça, pode ser chamada de Rainha e Senhora Nossa. Os cristãos bem cedo começaram a proclamar que a mulher que foi escolhida para ser a mãe do "Filho do Altíssimo", do "Príncipe da Paz", do "Rei dos Reis e Senhor dos Senhores", recebeu mais privilégios que qualquer outra criatura humana. E esta reflexão levou à conclusão de que, como há íntima relação entre uma mãe e seu filho, Maria tem, sim, uma dignidade real.

Baseados no fato da Anunciação do anjo Gabriel e nas palavras de Isabel, que a chamou de "mãe do meu Senhor", os escritores eclesiásticos começaram então a chamar Maria de "Mãe do Rei", de "Mãe do Senhor", dando a entender, também eles, que ela participava também dessa realeza. Daí o próximo passo foi chamá-la carinhosamente de "Nossa Senhora".

Na Ladainha de Nossa Senhora usamos muitos títulos relacionados com a realeza de Maria. Lá nós a chamamos Rainha dos Cristãos, dos Anjos, dos Patriarcas, dos Profetas, dos Apóstolos, dos Mártires, dos Confessores, das Virgens, de Todos os Santos, Rainha concebida sem pecado, Assunta ao Céu, Rainha do Santo Rosário e Rainha da Paz. Sendo assim, por que não chamá-la de "Nossa Senhora"?

Que fique bem claro, porém, que ela é Senhora Nossa porque é a mãe do Rei, do Único Senhor de nossas vidas, Nosso Senhor Jesus Cristo. Nós, cristãos católicos, devemos ter clareza sobre isso. Nossa Senhora, com todos os seus nomes e títulos, intercede por nós junto a seu filho Jesus, o único Senhor e Mestre, o único mediador entre nós e o Pai, o mesmo ontem, hoje e sempre.

Vamos rezar:

Maria, Nossa Senhora, a natureza humana é fraca e pecadora, mas contamos com sua intercessão para que encontremos plenamente o Caminho Seguro, que é seu próprio Filho, Jesus Cristo. Ajudai-nos a trilhar as sendas da santidade. Amém!

Maria, mulher de ação e oração!

Na sucessão do tempo somos surpreendidos pela vida, que passa rápido demais. Basta parar e pensar um pouco para ficarmos preocupados com a rapidez com que as coisas acontecem. E aí só nos resta viver de forma tranquila aquele mandamento de Jesus: *"Vigiai e orai, porque vocês não sabem o dia nem a hora em que virá o Senhor"* (Mc 13,35). Assim, viver cada dia como se fosse o último é atitude sábia, evita que cruzemos os braços e fiquemos à toa, esperando a banda passar. Agora é hora da salvação e precisamos arregaçar as mangas para ir ao encontro da graça de Deus.

Maria sempre foi uma mulher de espera e oração. Não se soube, pela Tradição e pelas Escrituras, que Maria tenha perdido seu tempo com coisas fúteis ou com coisas desnecessárias. Mais do que ninguém ela sabia que em primeiro lugar vem o Reino de Deus e todas as outras coisas são acréscimos, dados gratuitamente por Deus. Maria foi a profeta da esperança do Reino, e seus braços não eram braços cruzados. Ao contrário, eles tinham o tamanho do sofrimento do mundo, e ela alcançava todos os sofredores. Assim como Jesus Cristo, que morreu de braços abertos, podemos dizer que os braços de Maria estão sempre abertos para nós seus filhos.

Você já parou para pensar o quanto Maria devia ser sintonizada com Deus. No momento da Anunciação, certamente Maria estava orando. Afinal, se estivesse desatenta ou fosse incrédula, teria estranhado aquele anjo falando com ela. Entretanto, parece que Maria apenas ouve e reflete, calmamente. Na verdade, enquanto o anjo Gabriel conversa com ela, tudo é oração. Serviço, desapego, silêncio. "Faça-se em mim aquilo que for necessário." A verdadeira oração não pediu nada, apenas se dispôs. Naquele momento Deus era tudo para Maria e nada mais importava.

Nas nossas orações costuma ocorrer muito falatório e pouco silêncio. Falamos demais, pedimos demais e nem sempre escutamos. Você conhece pessoas que quando conversam não conseguem ouvir e apenas falam, falam, falam? É bom esse tipo de conversa? Com certeza não. Boa conversa é aquela na qual falamos, escutamos o outro e nos relacionamos. Por que será que em nossas conversas com Deus só nós falamos? Talvez quando deixarmos Deus falar conosco encontraremos respostas para nossas angústias.

Maria é a mãe da esperança. Esta virtude marcava a vida da Maria. Mas não nos enganemos! A esperança em Maria não significava sentar num banco e esperar que as coisas melhorassem. Ela sabia que seu filho era o Redentor e nem por isso ficou tranquila pensando: *"Meu filho vai me redimir então não preciso mais me preocupar com nada!"*. Já pensou se Maria tivesse feito isso? Que exemplo teria nos dado. Mas não! A esperança de Maria era ativa. Ela fez sua parte no plano de salvação e nunca deixou de trabalhar pelo Reino de Deus um só dia sequer. Foi mulher de oração, de esperança e de trabalho. Por isso a chamamos de Bem-Aventurada e nela confiamos como mãe e modelo de santidade.

Vamos rezar:

Maria, mãe de Jesus, olhando sua vida vamos aprendendo a tecer, cada dia, as duas tramas de nossa fé, ação e oração. Ajudai-nos a auxiliar concretamente os mais pobres e sofredores e inspirai-nos na contemplação orante de Deus. Ajudai-nos a equilibrar, dentro de nós, ações concretas e a mística cristã e nos conduzi sempre pelo caminho de Jesus. Amém!

Maria, segundo São Marcos

Sabemos que os Santos Evangelhos falam bem pouco de Maria. Menores ainda são os textos nos quais ela fala. Maria é a mulher do silêncio orante e atuante! Mas se olharmos com calma, encontraremos, nas poucas palavras sobre Maria, lições maravilhosas de vida e de santidade. Convido você para que hoje olhemos a figura de Maria no Evangelho de São Marcos.

Na Bíblia os Evangelhos não estão organizados pela ordem em que foram escritos. A ordem na nossa Bíblia é a seguinte: Mateus, Marcos, Lucas e João. Mas, dos quatro evangelistas, é Marcos aquele quem primeiro escreveu um Evangelho. Ao que parece foi escrito entre os anos 60-65 na cidade de Roma. Marcos não fala nada da infância de Jesus. Talvez para ele e para aqueles que seriam seus leitores não era importante saber nada de Jesus menino e adolescente, mas tratar de Jesus a partir de sua missão pública.

Entre os escritores no Novo Testamento é São Marcos quem primeiro cita o nome da mãe de Jesus. Olhe aí em sua Bíblia, Marcos, capítulo 6, versículo 3: "Este homem, Jesus, não é o carpinteiro, filho de *Maria*?" Também é Marcos quem primeira fala expressamente de um fato ligando Maria à missão de seu filho Jesus. Segundo o evangelista, Jesus estava falando com a multidão, quando chegaram sua mãe e seus irmãos e queriam falar com ele. Nessa cena do evangelho, Jesus afirma que todos os que fazem a vontade de Deus são seus irmãos e sua mãe. Maria, mãe biológica e que sempre fez a vontade de Deus, é assim proclamada duplamente mãe do Filho de Deus, pela carne e pela missão!

Aqui também teríamos outra dificuldade. Jesus tinha irmãos? Maria teve outros filhos? Não há motivos para controvérsias. Na língua em que foi escrito o Evangelho, a língua grega, a palavra irmão refere-se sempre aos parentes próximos ou mesmo àqueles que pertenciam, ainda que distantes, ao mesmo grupo familiar. Assim, os irmãos de Jesus, citados por Marcos, devem fazer referência a seus parentes e não a irmãos de sangue. Assim a tradição nos ensina e assim acreditamos. Jesus foi filho único de Maria.

Mas Marcos não se preocupa muito com Maria. O evangelista chega a ser meio polêmico na relação de Jesus com sua família. No fundo, Marcos recolhe apenas fragmentos da história. Mas em nenhum momento ele questiona a maternidade de Maria. Ele mostra que Jesus era chamado filho de Maria. Por isso, agradeçamos a Deus sua palavra e presença de Maria na história da salvação. Que Ela nos ensine a fazer a vontade do Pai e assim seremos chamados filhos de Deus.

Vamos rezar:

Maria, sabemos que não é preciso muitas palavras para ter a certeza de vossa maternidade espiritual. A prática da vida nos ensina que jamais vós estais longe de nós e que basta recorrer a vosso amor para que sejamos prontamente atendidos. Obrigado pelo carinho, mãe de Jesus e nossa mãe! Amém!

Maria, segundo São Mateus

Seguimos olhando a mãe de Jesus nas Escrituras. Numa alusão ao livro do Gênesis, a Tradição da Igreja reconhece nela a mulher forte das Escrituras, aquela que com o calcanhar esmagou a cabeça da serpente. Ao pronunciar seu "sim", em obediência ao projeto do Pai, e permitir que nela o Espírito Santo realizasse a misteriosa concepção do Verbo, Maria mostrou à humanidade que a força do bem vence o domínio da maldade. Talvez ela nem sequer imaginasse quanta dor lhe traria ao coração acompanhar a trajetória da Paixão de seu filho Jesus, mas o fato é que ela aceitou, com todas as condições, assumir a maternidade de Deus. E por causa dela nós somos felizes.

Diferentemente de Marcos, o evangelista Mateus, que também redigiu um belíssimo Evangelho, usou mais palavras para falar da Mãe do Redentor. Talvez Mateus tivesse contato com memórias da infância de Jesus e conseguiu incluí-las em seu Evangelho, mostrando que em Jesus as profecias da Antiga Aliança estavam sendo realizadas. E quando recupera a vida de Jesus menino, Mateus precisa tratar daquela que cuidou dele. Por isso, em São Mateus, Maria já aparece com muito mais detalhes.

Mateus começa seu Evangelho falando da genealogia de Jesus, de suas origens familiares. Na verdade ele pretende fazer um paralelo entre a Criação do mundo e a Nova Criação, acontecida com o nascimento de Jesus. A primeira criação contou com a iniciativa de Deus diante do espaço virgem. A segunda criação nasce da iniciativa de Deus diante da mulher virgem. No ventre de Maria está o Novo, aquele que vai renovar todas as coisas e permitir que a humanidade retorne a Deus.

Mateus faz questão de afirmar que Maria era uma menina Virgem e que, apesar de estar noiva de José, não havia tido nenhum tipo de relação com ele. Ela era toda de Deus, virgem não só no corpo, mas com um coração puro e com um pensamento livre de qualquer maldade. Assim, o Verbo eterno de Deus encontrou um solo fecundo para se encarnar. E veio habitar entre nós como homem. Se o Verbo era Deus e dele recebeu a divindade, em Maria o Verbo se faz menino e reveste da humanidade em todos os sentidos, menos no pecado.

Mateus mostra que Jesus não nasceu fruto do acaso, mas veio em cumprimento das promessas de Deus, feitas para o povo de Israel e para todas as nações. Mateus cita o profeta Isaías: *"Eis que a Virgem conceberá e dará luz a um filho, que se chamará Emanuel e será luz para todas as nações" (Is 7,14).*

A Virgem é nossa mãe Maria e o Emanuel, seu filho, é Jesus Cristo, homem e Deus, que habitou entre nós. Ainda temos muito que aprender com Mateus. Por hora, saudamos Maria, a virgem, mãe do Verbo e geradora da Nova Criação.

Vamos rezar:

Maria, mãe da nova Criação, Jesus Cristo, obra perfeita do Pai, estendei sobre nós a confiança que tivestes em Deus e dai-nos um pouco de vossa fé inquebrantável. Ficai conosco, mãe de Deus. Amém.

Maria, "Teotókos", mãe de Deus!

Ainda há quem não compreenda por que chamamos Maria de Mãe de Deus. Um título tão carinhoso e tão profundo não nasceu de uma imposição da Igreja ou do desejo dos papas. Desde o começo, quando as comunidades cristãs ainda estavam sendo formadas, já nasceu o desejo de honrar a mãe de Jesus com o título de *Teotókos*, ou seja, a mãe de Deus. Na verdade, a partir do momento em que os cristãos tiveram a clareza da divindade de Jesus, eles logo tiveram esta iluminação: se Jesus é Deus e Maria é mãe de Jesus, logo em Maria está presente a maternidade da divindade. Ela é realmente a mãe de Deus.

A partir dessa afirmação dogmática, oficialmente declarada no Concílio de Éfeso, no ano de 431, a Igreja vem celebrando Maria como a Mãe de Deus. Aliás, de acordo com a Tradição, foi em Éfeso que Maria morou com o apóstolo João após a morte e ressurreição de Jesus. Nada melhor que o Concílio acontecido naquela cidade para proclamá-la a amada de Deus.

E Maria, Mãe de Deus, é também proclamada e venerada com a Mãe da Igreja. Nossa Igreja Católica está fundamentada em Jesus Cristo, a pedra angular da fé, e reforçada na coluna dos Apóstolos e Mártires da fé. Também Maria, a cuidadora de Jesus e missionária do seu filho, é proclamada a protetora da Igreja. Ela quem cuidou do filho, certamente cuida dos filhos e filhas adotivos pelo batismo. Ninguém melhor que Maria para zelar pelo sonho de seu filho e ajudar na realização do projeto do Reino de Deus. Tudo o que fazemos na Igreja tem certamente a proteção de nossa mãe querida. Ao lado do Santíssimo Sacramento, centro da fé, temos sempre a imagem de Maria, zelando cuidadosamente da casa onde habita seu filho amado.

Mas ainda precisamos afirmar algo mais sobre Maria. Ela, que é Mãe de Deus, Mãe do Verbo Encarnado e Mãe da Igreja, é também, indiscutivelmente, a nossa mãe querida. Quando pensamos em tantas pessoas que não reconhecem em Maria a presença de Deus, ficamos tristes, pois deve ser muito dolorido ter uma fé que acredita no Pai, no Filho e no Espírito, mas para a qual falta o carinho de uma mãe. Quem não gostaria de ter um colo onde reclinar a cabeça? Quem não sente falta dos carinhos maternos, do cuidado na hora das dores e da presença quando estamos sozinhos?

Maria é nossa mãe. Eu acredito nisso e proclamo a todos esta minha alegria. Amo Maria porque com ela eu chego mais perto de Jesus. Amo Maria porque ela me permitiu conhecer a minha salvação. Amo Maria porque Jesus, seu filho e meu único Salvador, presenteou-me, na hora da cruz, doando sua mãe à humanidade. Mãe do Redentor e minha mãe, eu vos peço que rogueis por nós todos os dias.

Vamos rezar:

Maria, Mãe de Deus, quando nossos lábios expressam este louvor, nosso coração se alegra profundamente, pois entendemos que vossa maternidade divina foi capaz de unir os Céus e a Terra na comunhão com Deus. Obrigado, Maria, pois vossa humildade foi coroada de glória, vossa singeleza tornou-se irradiante, vossa fraqueza converteu-se na força maior que derruba poderosos dos tronos e desfaz os planos dos malvados. Mãe de Deus, rogai por nós! Amém.

Maria, mestra da oração!

Você já pensou que cada dia é um presente de Deus. Cada momento vivido deve ser de agradecimento, ainda que sofrimentos estejam ao nosso redor. Por isso, rezar e agradecer o dia e a vida é uma atitude de quem se sabe amado por Deus. Só reza aquele que reconhece que tudo ao seu redor é fruto do amor de Deus por nós. Quem se acha autossuficiente e pensa que sabe e pode tudo sozinho, este jamais saberá o que significa rezar de verdade. Rezar significa conversar com o infinito. Às vezes, pensamos que rezar seja pronunciar palavras bonitas ou ter arrepios, choro e emoção. Mas não. Uma boa oração não precisa de reações dos sentidos. Rezar é simplesmente parar para sentir a presença de Deus conosco. É agradecer a vida e clamar por libertação.

Maria nos ensina a rezar. A mulher silenciosa nos testemunhou que, quando o coração silencia, Deus fala. A vida de Maria foi de silêncio. A única manifestação verbal de sua adoração a Deus está no *Magnificat*! Neste canto maravilhoso, Maria expressa sua adoração e respeito profundo pelo Senhor. Em outras vezes, Maria simplesmente guardava tudo no coração, no silêncio.

O que podemos aprender disso? Primeiramente aprendemos que rezar é uma atitude vital para aquele que acredita em Deus; depois aprendemos que rezar não significa somente repetir palavras. Rezar é escutar o que Deus nos fala; e, por fim, aprendemos com Maria que a oração deve ser o combustível de nossa vida cristã. Somente quem reza aprende a respeitar o próximo e ser solidário na hora das necessidades.

Na vida de Maria a oração era fonte de caridade, ela rezava para agir e agia com amor porque rezava. Educada na fé judaica pelos pais, a menina de Nazaré soube reconhecer a ação de Deus em sua vida e abriu-se para a experiência do mistério da Encarnação. Imagine se Maria fosse uma menina desligada das coisas de Deus, será que teria compreendido o que o anjo lhe disse naquele dia da Anunciação? Penso que foi o fato de sua intimidade com Deus que tirou de Maria todo o medo de colocar-se a disposição do projeto do Pai.

Se olharmos nossa vida, veremos que quando confiamos em Deus conseguimos colocar toda a nossa vida em função do projeto que Deus sonhou para cada um de nós. Quem confia em Deus, responde *"sim"* a sua vocação, não teme as pedras do caminho e nem desanima nas primeiras dificuldades. Mas aquele que confia somente em si mesmo logo se sentirá fraco, pois não há força humana capaz de manter uma vida sempre para cima. E quando vier a decepção, o fracasso e a dor, estes, orgulhosos, sentirão todo o peso do mundo sobre as costas. Eu prefiro carregar meu fardo com o auxílio de Jesus e de Maria. Com eles os fardos existem, mas são leves! E Jesus já nos garantiu que ele mesmo nos ajuda a carregar nossas dores.

Nunca é tarde para voltar-se para Deus e aprender a rezar. Peçamos a graça da fé e que Nossa Senhora nos ensine a rezar. Como cantamos na bela canção *"Ensina teu povo a rezar, Maria,* mãe de Jesus, que um dia teu povo desperta e na certa vai ver a luz!"

Vamos rezar:

Ensinai-nos, Maria, a rezar como sempre rezastes, com o coração todo em Deus, com o pensamento todo nele e com as mãos postas, vigilantes e laboriosas, em favor dos mais abandonados. Que nosso canto seja expressão do vosso canto, que glorifiquemos a Deus e que lutemos para que caiam os poderosos dos tronos e os humildes sejam exaltados em Cristo Jesus! Amém!

Maria, Rainha do céu e da terra!

A devoção popular invoca Maria como Rainha. A clareza desse título invade as orações dos fiéis, pois não é certo que a mãe de um Rei tenha de ser uma Rainha? Como louvar Jesus, Rei do universo, sem confessar que Maria, sua mãe, é Rainha? O próprio dogma da Assunção da Virgem nos informa que ela foi exaltada como Rainha do Universo para assim se conformar mais plenamente com seu filho Jesus, Senhor dos senhores.

Logo depois do Concílio de Éfeso, que proclamou Maria como Mãe de Deus *(Teotókos)*, é que se começa a atribuir a Maria também o título de Rainha. O povo cristão, com o reconhecimento dessa dignidade, quer colocá-la acima de todas as criaturas criadas por Deus. Um fragmento de homilia, atribuído a Orígenes, escritor cristão dos primeiros séculos, mostra esse comentário às palavras pronunciadas por Isabel na

Visitação: *"Eu é que deveria vir a ti, porque és bendita acima de todas as mulheres, tu, a Mãe do meu Senhor, tu, minha Senhora".* Orígenes já chama Maria de Nossa Senhora, antecipando o que mais tarde vai afirmar São João Damasceno, que atribui a Maria o título de soberana: *"Quando se tornou Mãe do Criador, tornou-se verdadeiramente a soberana de todas as criaturas".*

Além da maternidade, Maria é Rainha porque colabora com a obra da Redenção. O Papa Pio XII assim se expressou: *"Santa Maria, Rainha do céu e Soberana do mundo, participava no sofrimento, junto da Cruz, de nosso Senhor Jesus Cristo".* Ele estabelece depois uma analogia entre Maria e Cristo, a qual nos ajuda a compreender o significado da realeza da Virgem: Cristo é rei não só porque é Filho de Deus, mas também porque é redentor; Maria é Rainha não só porque é Mãe de Deus, mas também porque associa como nova Eva ao novo Adão, e cooperou na obra da redenção do gênero humano.

O título de Rainha não substitui o de Mãe: sua realeza confirma sua maternidade e exprime simplesmente o poder que lhe foi conferido para exercer essa missão. A Bula *Inefabilis Deus*, de Pio IX, afirma que *"tendo por nós um afeto materno e assumindo os interesses da nossa salvação, Ela estende ao gênero humano inteiro a sua solicitude. Estabelecida pelo Senhor como Rainha do céu e da terra, elevada acima de todos os coros dos Anjos e de toda a hierarquia celeste dos Santos, ao sentar-se à direita do seu único Filho, nosso Senhor Jesus Cristo, Ela obtém como grande certeza aquilo que pede com as suas súplicas maternas".*

Os cristãos olham com confiança para Maria Rainha. Ela está ao nosso lado, porque o seu estado glorioso lhe permite acompanhar-nos no nosso itinerário terreno diário. Elevada à glória celeste, Maria dedica-se totalmente à obra da salvação, para comunicar a cada vivente a felicidade que lhe foi concedida. É uma Rainha que dá tudo aquilo que possui, comunicando a vida e o amor de Cristo.

Vamos rezar:

Salve, Rainha, Mãe de misericórdia, vida, doçura e esperança nossa, salve! A vós bradamos os degradados filhos de Eva. A vós suspiramos, gemendo e chorando neste vale de lágrimas. Eia, pois, advogada nossa, esses vossos olhos misericordiosos a nós volvei. E depois deste desterro, mostrai-nos Jesus, bendito fruto de vosso ventre. Ó clemente! Ó piedosa! Ó doce sempre Virgem Maria! Rogai por nós, Santa Mãe de Deus. Para que sejamos dignos das promessas de Cristo. Amém.

Maria, proclamadora da divindade de Jesus!

Tantas graças recebemos das mãos de Maria que todo agradecimento feito a ela parece pouco. Das sementes de gratidão que oferecemos a Maria, ela faz brotar lindo jardim. Em Maria tudo é fecundidade, afinal o seu ventre, acariciado pelo Espírito Santo, deu-nos a força vital primeira, o Filho de Deus, o verdadeiro Caminho, Verdade e Vida!

A Igreja sempre se preocupou em exaltar a figura de Maria, por compreender que ela foi de suma importância para a história de nossa salvação. Entretanto, mais do que exaltá-la, a Igreja também sempre foi solícita em analisar as fontes bíblicas e da Tradição para melhor entender quem foi Maria de Nazaré. Hoje, de modo especial, ainda que coroemos

Maria com estrelas, fica-nos a responsabilidade de esclarecer a vida dessa jovem de Nazaré. Quem foi essa mulher? Por que suas memórias são tão pequenas nos Evangelhos? Por que mesmo silenciosa Maria foi tão fundamental?

A Igreja insiste sempre no seguimento de Cristo e na nossa missão em favor dos mais abandonados e oprimidos. Ao dizer isso, a Igreja renova diariamente o mandato missionário do Filho de Deus. Ele nos mandou estar ao lado dos mais fracos e marginalizados, seguindo seu exemplo. A opção pelos pobres não é um modismo nem algo passageiro. Lutar pela dignidade dos mais sofridos é a grande vocação da Igreja!

Quando olhamos Maria, vemos que ela foi esta grande discípula do próprio filho, preocupada com os mais necessitados e sempre aberta ao serviço aos mais sofridos. Ela foi, sem dúvida, a primeira discípula de Jesus. Soube fazer de sua maternidade um meio de seguimento e realização do sonho de seu filho. Basta recordarmos a passagem bíblica na qual Maria auxilia sua prima Isabel, texto que se converteu num ícone, num resumo de sua disponibilidade em favor do próximo. Maria sai apressadamente de casa, segue para a casa de sua prima e passa a servi-la. Não é preciso muitas palavras onde existe o exemplo concreto de amor!

Poderíamos também recordar a festa de casamento em Caná da Galileia. Maria sente o clamor dos noivos e auxilia, com sua intercessão, junto ao filho. *"Façam tudo o que ele vos disser"* (Jo 2,1ss.). A frase dita com convicção continua hoje ressoando em nossos ouvidos! Temos de seguir a pedido de Maria e fazer tudo o que Jesus pede de nós. Maria não quer estar à frente do filho. Ao contrário, ela quer que seu filho seja reconhecido como aquilo que ele é: Senhor e Mestre da História.

Estar ao lado de Maria é aceitar seguir os passos de seu amado filho. Façamos nossa parte para a construção de um mundo mais fraterno e mais cheio de felicidade. Lutemos pela justiça e pela paz, e tudo o que fizermos façamos em nome de Jesus, seguindo o conselho de Maria: *"Fazei tudo o que ele vos disser"*.

Vamos rezar:

Maria, discípula e missionária de seu próprio Filho Jesus, orientai-nos na missão de sermos também nós seguidores do Salvador, e que em nossa vida transpareça sempre o amor pelos mais necessitados. Amém!

Maria, como é bom poder vos louvar!

Uma das páginas mais belas da história da nossa salvação é aquela na qual o próprio Deus toma a iniciativa de amor pela humanidade e vem morar entre nós na forma humana. O Verbo se fez Carne e habitou entre nós! Ao vir em nossa direção, Deus não só nos leva até Ele, mas nos oferece os meios para realizar tal feito. Pela graça concedida a cada homem e a cada mulher, é possível sonhar com o dia em que estaremos ao lado de Deus. Pela presença humana de Deus entre nós, somos resgatados do pecado. O homem velho abre-se à chegada do homem novo!

Esse gesto salvífico de Deus teve lugar no seio da Virgem Maria. A menina de Nazaré, portanto, é Mãe de Deus. Mas também é nossa Mãe, mãe de toda a humanidade e, especialmente, mãe dos cristãos. No Calvário Jesus entregou-nos Maria como Mãe. Momentos antes de morrer, vendo sua Mãe e o discípulo amado que a acompanhava, Jesus disse: *"Mulher, eis aí teu filho"*; e depois disse ao discípulo: *"Eis aí tua Mãe"* (Jo 19,26-27). Fomos entregues aos cuidados de Maria e precisamos nós também cuidar de seu louvor e devoção.

A Virgem Maria é verdadeiramente nossa Mãe. A Santíssima Virgem ocupa o primeiro lugar entre os anjos e santos do céu porque é a Mãe de Jesus, nosso Redentor. Como Jesus é nosso irmão, a Virgem é também nossa mãe. Assunta ao céu em corpo e alma, desde lá ela intercede por nós como boa mãe que é. Que coisa maravilhosa é saber que somos amparados pelo amor da mãe que nos acolhe e nos socorre nas horas das dificuldades.

Por isso não é exagero devotar a Maria nossa carinho e devoção. Assim como João a acolheu e cuidou dela depois da crucifixão de Jesus, nós também devemos amá-la e venerá-la como bons filhos. Assim têm feito os cristãos ao longo dos séculos, e todos os santos sempre tiveram uma devoção especial à Virgem.

A Igreja oferece muitas formas de louvar a santa mãe de Deus. Sem dúvida, ao acordar e ao repousar, ao nos lembrar do Pai, do Filho e do Espírito Santo, somos convidados a recordar também de Maria e rezar ao menos uma "Ave-Maria". Também podemos dedicar um momento de louvor diário a Nossa Senhora e pensar em todas as coisas boas que recebemos de suas mãos.

Outra forma comum de louvar Maria é consagrar nossa vida a ela. Assim nos fazemos verdadeiros devotos e nos colocamos sobre seu manto de amor. Mas certamente o maior carinho que nosso povo oferece a Nossa Senhora é a oração do terço. Contemplando os mistérios da vida de Jesus Cristo, pensamos também em Maria em cada "Ave-Maria" que rezamos. É uma tradição muito arraigada entre os cristãos e vivamente recomendada pela Igreja. Pode ajudar-nos a querer mais a Virgem, e sabemos que agrada muito a Nossa Senhora essa oração. Enfim, qualquer que seja a forma escolhida, Maria sempre escuta nossa oração e nunca abandona seus filhos.

Vamos rezar:

Maria, queremos hoje vos louvar! Louvar por vosso "sim" ao projeto de Deus, por esta decisão convicta que nos abriu as portas da Eternidade. Obrigado, Mãe querida, pelo carinho que tendes por todos nós! Amém.

Maria, discípula de Jesus!

Nos passos de Maria seguimos seguramente o Caminho que é seu Filho Jesus. Essa verdade nos faz crer que nosso amor a Nossa Senhora é profundamente cristão e de acordo com a Bíblia. Erra quem acusa o católico de ter amor por Maria, a mãe de Jesus. Somos um povo que adora o Senhor Jesus, mas que venera com carinho e respeito a mãe do Filho de Deus.

Nós cristãos somos discípulos de Jesus Cristo. Seguimo-lo na pobreza, castidade e obediência, cumprindo seus mandamentos, reconhecendo-o nos mais necessitados, fazendo de nossa vida, palavras e ações, um modo de favorecer os mais pobres a ter meios de alcançar a dignidade humana. Ser discípulo é ajudar a construir o Reino de Deus. No início de sua pregação Jesus disse: *"Convertei-vos e crede no Evangelho que o Reino está próximo"* (Mc 1,15).

Depois afirmou: *"Quem quiser ser meu discípulo, renuncie a si mesmo, tome sua cruz e siga-me"* (Mt 16,24).

O discípulo de Cristo é aquele que fez um encontro pessoal com Ele pelo anúncio do Evangelho, que o leva a uma adesão total e definitiva com sua pessoa, de tal modo que daí em diante investe tudo nele e no Reino que anuncia. Entrando no seguimento de Cristo e nele crescendo, o discípulo torna-se evangelizador, pois o Espírito Santo o impulsiona a anunciar a Boa-Nova.

Santo Agostinho disse que Maria fez plenamente a vontade do Pai e, por isso, além de mãe, é discípula de Cristo. Ela foi proclamada bem-aventurada porque ouviu, acreditou e praticou a Palavra de Deus. Ao recebê-la em sua casa, Isabel proclamou: *"Bendita és tu que creste, pois se hão de cumprir as coisas que da parte do Senhor te foram ditas!"* (Lc 1,42). É bendita porque acreditou. Acreditou na promessa de Deus e no Deus da promessa. Acreditou na Palavra de Deus e a meditou em seu coração para transformá-la em vida.

Ela é a primeira na ordem da fé em Cristo, a primeira que o seguiu e a que melhor o seguiu. Ela precedeu e superou a todos no discipulado de Cristo. Por isso, a afirmação de Cristo de que sua mãe, seus irmãos e suas irmãs e bem-aventurados são os que ouvem a Palavra de Deus e a põem em prática inclui em primeiro lugar sua própria mãe. Ela é bem-aventurada porque mais e melhor acolheu e cumpriu a Palavra.

Sua grandeza está no compromisso radical com o Reino. Sua bem-aventurança maior não consiste tanto na ligação com Jesus por laços de sangue, mas por sua incondicional acolhida e prática da Palavra divina. Daí que ela se torna a figura exemplar, modelar de todo discípulo de Cristo. Ela é discípula perfeita que se abre à Palavra e se deixa penetrar por seu dinamismo.

A maternidade divina a levou a uma entrega total. Foi doação generosa, cheia de lucidez e permanente, unida a uma história de amor a Cristo, uma história única que culmina na glória. Maria, levada ao máximo na participação com Cristo, é íntima colaboradora de sua obra. Ela não é apenas o fruto admirável da redenção, é também sua cooperadora ativa. Ela nos ensina que a virgindade é uma entrega exclusiva a Jesus Cristo, em que a fé, a pobreza e a obediência ao Senhor tornam-se fecundas pela ação do Espírito.

Vamos rezar:

Maria, tudo em vós aponta-nos vosso Filho Jesus. Ao amá-la nós nos comprometemos com o anúncio do Reino de Deus! Que sigamos sua orientação divina e façamos tudo o que Jesus de nós solicitar. Amém!

Maria, mãe da Eucaristia!

Maria, a mãe de Jesus, é uma santa mulher, reconhecida em todo o mundo, venerada com muitos títulos, Rainha e Mãe, mestra e modelo, discípula e profeta. Maria merece nosso respeito. Que me perdoem nossos irmãos e irmãs, que se dizem cristãos evangélicos e muitas vezes acabam por desrespeitar a mãe do Filho de Deus!

E para que não pairem no ar dúvidas sobre a santidade de Maria, convido você para refletir comigo sobre a relação da mãe de Jesus com o Santíssimo Sacramento da Eucaristia. A missa é o grande ofertório de Cristo ao Pai. Na missa fazemos a memória da morte e ressurreição de Jesus, comungando seu próprio corpo e sangue. No altar, em cada Eucaristia, Jesus mesmo se doa novamente a cada um de nós, perdoando os nossos pecados e oferecendo-se, gratuitamente, como salvação.

Mas será que Maria não teria também um papel de relevância na Eucaristia? Será que a mãe do Salvador, aquele do qual lembramos na missa, não tem participação nenhuma nesse mistério da nossa fé? Como fazer a memória do filho sem se lembrar da presença da mãe. Como Jesus poderia ter-nos dado seu corpo e sangue se não os tivesse recebido no seio da Virgem. Onde foi que Jesus se fez carne senão no ventre da Virgem de Nazaré?

Maria é a Mãe do Cristo Eucarístico. Seu útero foi o primeiro e o mais precioso sacrário. Com portas bem fechadas, seu ventre materno pode ser comparado aos mais luxuosos ostensórios. Mas estes, feitos de ouro ou de prata, não estão nem aos pés daquele ostensório vivo que foi Maria. Virgem eucarística e protetora do Corpo de Cristo! Seu corpo, Maria, é a mais bela capela que já existiu. Ornada pelo próprio Espírito Santo, é a mais formosa de todas as mulheres. Sua beleza é muito mais que adornos e enfeites. Sua beleza é transparente, profunda, comovente.

Quando Jesus deixou-nos o memorial de sua vida, quando nos presenteou com o sacramento de seu Corpo e Sangue, pensou em deixar-nos um modo simples de estar com ele. Pão e vinho! Alimento dos pobres e sinal de saciedade. Maria, sendo mãe e discípula, participou desta promessa junto com seus discípulos. Certamente, celebrou a fração do pão junto com os discípulos de Jesus. Quando a Igreja nasceu, alicerçada na Eucaristia, Maria estava lá, testemunhando que seu filho tinha vencido a morte e nos garantido a vida (At 1,12-14).

Talvez por isso, por causa de sua perseverança e fidelidade, Maria recebeu a honra de estar eternamente ao lado do filho, intercedendo por nós. Professamos que ela foi Assunta ao Céu, significando que Maria foi ressuscitada e está ao lado de Jesus. Nela temos a certeza da nossa própria ressurreição. Ela foi mulher, mãe, trabalhadora, amiga e serva, soube falar e silenciar, sorrir e chorar. Seu exemplo de vida é tão marcante que até hoje, pela boca de milhares de cristãos, ela é invocada como a Mãe da Eucaristia.

Vamos rezar:

Maria, o mais belo sacramento de Jesus é a Eucaristia, fonte e ápice da Igreja, seu Corpo e Sangue doados por amor em favor de todos os pecadores. E vós, Maria, fostes a primeira a ter este divino corpo convosco, gerando em vosso seio o Filho de Deus. Fostes o primeiro e mais sagrado de todos os sacrários. Maria Santíssima, Mãe da Eucaristia, rogai por nós!

Maria, mulher do plano de Deus!

Não é sem razão que louvamos a Mãe de Jesus. Maria é a senhora nossa, a mulher que está presente na história da salvação, desde o Gênesis até o Apocalipse. Assim como a Tradição encontra traços da presença de Cristo Jesus ao longo das Escrituras, do mesmo modo é possível encontrar o amor de Maria em fatos e pessoas que construíram a história da salvação.

Maria, a menina de Nazaré, pertenceu a um tempo específico, viveu durante algumas décadas e realizou plenamente sua vocação. Mas simbolicamente a pessoa de Maria já é perceptível nas promessas do Gênesis, sendo identificada como a figura da mulher que destrói a serpente com seu calcanhar; também podemos ver traços de Maria na mulher vestida de sol, com a lua aos pés e coroada de estrelas, descrita no livro do Apocalipse. A escolhida de Deus é a mulher modelo para todos nós cristãos, em sua simplicidade, coragem e bondade.

Quando lemos o livro do Gênesis, vemos que pela desobediência Eva, a mãe dos viventes, trouxe-nos a morte, mas Maria, com sua obediência, trouxe-nos a salvação: Jesus. Não há maldade que resista à força da fé e da fidelidade. O amor é mais forte que o ódio, ainda que aparentemente a maldade pareça vencer.

Maria, pela força de seu "sim" e pela sua humildade, trouxe nova esperança à humanidade. Maria tornou-se a nova Eva, Mãe dos viventes renascidos em Cristo, e ofereceu seu ventre para que a salvação plena viesse habitar entre nós. Maria foi concebida sem pecado. Seu corpo foi templo do Filho de Deus, sacrário vivo. E a escolha de Maria para receber o Filho de Deus não foi por acaso. A menina Maria foi sonhada no coração de Deus, desde sempre, para ser a mãe de Jesus. A Igreja lê o texto do profeta Isaías como um sinal da predisposição de Maria: *"Eis que uma virgem conceberá e dará à luz um filho, e será o seu nome Emanuel"* (Is 7,14).

O anjo Gabriel a chamou de Bem-Aventurada, cheia de graça, diz que Deus está com ela! Olhando as páginas da Bíblia, quem de Deus mereceu tantos elogios? Maria sempre humilde, obediente, modelo de fé. Entregou-se à vontade de Deus! Soube servir os mais necessitados e compreender a vocação do filho. Nunca murmurou contra ninguém e sempre teve coragem de estar ao lado de Jesus, até mesmo na hora da morte. Como na boca do anjo, hoje em nossos lábios continuamos proclamando – *"Ave, Maria, cheia de graça!"*.

Vamos rezar:

Maria, sabemos que o Senhor Deus traçou para cada um de nós um plano de amor. Vós tivestes o privilégio de um projeto de amor perfeito, pois vós fostes escolhida e preservada de todo pecado para ser a Mãe de Jesus Cristo. Por isso, rogamos a vós, Mãe da Vida, que nos abençoe e nos ajude a entender e viver o plano de amor que Deus tem para cada um de nós. Mãe de Amor, rogai por nós!

Maria, cheia de graça!

Jamais um católico deverá ter dúvidas de que a salvação nos chega pelo sacrifício amoroso de Jesus na cruz e por sua ressurreição dentre os mortos. Ele é o alfa e o ômega, princípio e fim de todas as coisas. Mas no nosso coração algo nos inspira também ao amor devocional àquela que possibilitou o nascimento do Verbo Eterno. Não é possível falar e amar Jesus sem que passemos alguns instantes na companhia de Maria, sua mãe.

Poucas, mas suficientes e convincentes, são as passagens evangélicas que falam de Maria, a Mãe de Jesus. O culto mariano tem uma fundamentação bíblica. Nossa Senhora foi venerada e honrada pelos seus próprios contemporâneos. Até mesmo um mensageiro de Deus, o anjo Gabriel, fez-lhe uma saudação. Saudação que continua sendo repetida por milhões de vozes e corações ao longo dos séculos. Você já imaginou quantas vezes é rezada, por dia, a oração da "Ave-Maria"?

Agora pense comigo: se Maria foi saudada por um enviado de Deus e por Isabel, sob a ação do Espírito Santo, por que não pode ser também saudada por todos aqueles que a reconhecem Mãe de Deus e Mãe da Igreja? Quando, por exemplo, reverenciamo-la com uma "Ave-Maria", nós estamos repetindo as palavras da Sagrada Escritura e fazemos uma prece que se tornou comum na Igreja, desde os primeiros séculos. Cria-se uma comunhão de amor entre todos os que seguem Jesus Cristo na fé da Igreja!

Rezando uma "Ave-Maria", proclamamos sua santidade – ela é cheia de graça; destacamos sua condição humana – bendita entre as mulheres; e damos a ela um especial título de glória – Mãe de Deus. Entre tantos louvores, reconhecemos a nossa condição de pecadores e nos confiamos à sua intercessão – rogai por nós, pecadores.

Lembremo-nos daquela passagem do Evangelho de João, as Bodas de Caná. Maria pediu ao filho em favor de uma família que estava em apuros, pela falta de vinho. Será que existe alguma dúvida de que ela é nossa intercessora? Se nós pedimos aos nossos amigos que rezem por nós, por que não podemos recorrer do mesmo modo a Maria?

Enfim, podemos lembrar ainda da cena das Bodas de Caná da Galileia. Naquele dia, Maria disse aos servos: *"Façam tudo o que o meu Filho vos disser"* (Jo 2,5). Podemos compreender que a obediência à palavra de Cristo, na espiritualidade mariana, é a norma fundamental. Maria viveu a Palavra do Senhor. Quis que ela se realizasse em sua vida. Para nós, seus filhos espirituais, ela continua a nos falar e a nos exortar a que sejamos fiéis aos ensinamentos do Senhor Jesus. Que ela seja a estrela a iluminar nossa vida.

Vamos rezar:

Ave, Maria, cheia de graça, o Senhor é convosco, bendita sois vós entre as mulheres e bendito é o fruto do vosso ventre, Jesus. Santa Maria, mãe de Deus, rogai por nós pecadores, agora e na hora de nossa morte. Amém!

Maria, mulher de fé!

"*Feliz aquela que acreditou*" (Lc 1,45). A Bíblia Sagrada chama de bem-aventurados aqueles cujas vidas foram um reflexo do amor de Deus. Muitos são bem-aventurados, mas entre todos Maria ocupa lugar privilegiado. Ela é a bem-aventurada de Deus, a mulher das promessas, a jovem escolhida para realizar a promessa de salvação, a geradora do Filho de Deus. Por isso Isabel, sua prima, chama Maria de felizarda, bem-aventurada!

O que fez Maria se tornar a bem-aventurada em plenitude foi a sua fé. Ela é feliz porque acreditou. Maria foi uma mulher de fé profunda e adulta. Acreditou sempre na Palavra de Deus, a exemplo dos grandes patriarcas do Antigo Testamento. Aderiu a Deus não só pela sua inteligência, fazendo um ato de fé no que o Senhor lhe dizia, como também entregou a Deus a sua vontade, estando pronta para fazer tudo o que ele lhe pedia. O seu "sim" ao anjo Gabriel traduz a grandeza e a sinceridade de sua fé.

Nestes dois mil anos de cristianismo muitas páginas belíssimas foram escritas para exaltar a fé de Maria, não com a intenção de elevá-la acima dos outros, mas simplesmente para mostrar que a fé é um dos dons mais preciosos que recebemos de Deus. São Paulo fala das três atitudes essenciais para o cristão: fé, esperança e caridade. Maria foi repleta dessas virtudes, sobretudo era cheia de fé.

O teólogo alemão Schillebbeckx escreveu que *"a vida terrestre de Maria se desenvolve à sombra da fé que nada enxerga, que não compreende, mas confia nos desígnios impenetráveis de Deus. A verdadeira grandeza de Maria reside precisamente na vida de fé. Crer fortemente e esperar contra todas as aparências contrárias é o elemento verdadeiramente característico da psicologia religiosa de Maria".*

Outro teólogo, o missionário redentorista Bernard Häring, disse certa vez que *"o maior louvor que podemos dar a Maria é elogiar sua fé, como fez Isabel. Maria é o modelo da Igreja, sobretudo pela sua fé. Nós vemos nela a fé como grata escolhida daquele que é o Caminho, a Verdade e a Vida. Pela fé, Maria se abre à atuação do Espírito Santo e concebe em seu seio o Verbo Encarnado do Pai, juntamente com a feliz notícia da vinda do Salvador e da missão a ela confiada".*

Cheia de graça em sua pobreza, Maria quer ser a serva do Senhor. A graça de Deus suscita nela a fé na veracidade das promessas do anjo. Ela se entrega totalmente, num ato de fé puro, à Palavra do Senhor. A graça a predestinou e a predispôs, e a preparou para esse ato de fé. A fé de Maria é primeiramente um ato de oferta de sua própria vida. Peçamos que a mãe de Deus nos favoreça a receber das mãos do Pai o dom da fé. Sejamos disponíveis ao chamado de Deus.

Vamos rezar:

Maria, a fé é um dos dons mais belos que recebemos de Deus. Pela fé o Povo de Deus construiu seu caminho de liberdade, pela fé recebemos em nosso coração, vivo e ressuscitado, vosso Filho Jesus. Pela fé caminhamos entre as dores do mundo, sempre mantendo o olhar voltado para o céu. Maria, ajudai-nos a ter fé e manter firme nossa esperança. Amém!

Maria, educadora de Jesus!

De todas as coisas boas que recebemos como dom de Deus, uma delas é a nossa capacidade de pensar e imaginar. Não é maravilhoso ver como as crianças constroem mundos de fantasias ao redor de si mesmas? Criam amigos, lugares, aventuras. Um quintal vira uma selva, uma caixa vira uma nave espacial, a banheira vira um oceano! E nos adultos, não é maravilhoso o dom de planejar o futuro, sonhar com a melhoria da vida, imaginar caminhos a seguir?

Quando o assunto é religião, também vale a pena pensar e imaginar. Ler a Bíblia, por exemplo, requer um senso de imaginação, para que sintamos e vivamos cada uma das cenas da Sagrada Escritura. E como a imaginação não conhece fronteiras, há dias que paramos e ficamos pensando em Maria e tentando imaginar como era o cotidiano da mãe de Jesus. O que será que Nossa Senhora fazia durante o dia e como será que educou seu filho? Será que Jesus era um menino levado? Será que Maria cozinhava coisas gostosas para ele? Enfim, ficamos a pensar como teria sido o lar de Jesus.

Então surgem ideias na cabeça. Temos medo, algumas vezes, de estar exagerando ou mesmo sendo indiscretos e curiosos em imaginar essas coisas, mas achamos que não seja errado imaginar. Por isso vemos sempre Maria ao lado do menino Jesus, mostrando a ele as flores ao redor da casa e ensinando os nomes dos pássaros. Maria pega seu filho no colo e o leva ao riacho. Enquanto ela lava a roupa da família, o menino se diverte com os peixinhos e aproveita para refrescar o corpo na água. Na hora da refeição, um pão fresquinho e um pouco de água, talvez umas tâmaras maduras.

Não raro vemos Maria sentada ao lado da cama de Jesus, o menino com olhos arregalados e as mãozinhas sempre em movimento. Maria, com jeito de mãe, conta-lhe histórias de seu povo, de como eles foram libertos das mãos do Faraó do Egito e como foi que Deus preparou para eles a terra prometida. No fundo, Maria vê nos olhos do filho o grande homem que ele será um dia e até sofre, lembrando as palavras de Simeão no templo: *"Uma espada de dor vai ferir seu coração"* (Lc 2,35). Mas logo Maria volta o olhar para o filho e sente de novo a alegria daquela criança ao seu lado.

E assim, entre imagens e imaginação, vamos transferindo um pouco da nossa infância para aquela casinha em Nazaré. Permitimo-nos imaginar Maria ensinando a Jesus a importância de rezar todo dia, na hora de levantar e na hora de deitar. E talvez nesta tarefa José, seu esposo, aparecesse por ali, pois também os homens deviam ensinar os filhos a rezar e frequentar as sinagogas.

Mas também imaginamos que Maria deve ter dado uns puxões de orelha em Jesus. Em nossa imaginação, que corre solta, o menino Deus também tinha seus momentos de algazarra e folia. Fazia estripulias e traquinagens. Maria devia chamar a atenção de Jesus, como mãe educadora. Na Bíblia está escrito que Deus corrige aqueles a quem ama. Maria, que amava muito Jesus, certamente o corrigiu tantas vezes. E isso o ajudou a ser um homem honesto e cheio do Espírito de Deus. E o evangelista Lucas nos diz que Jesus era obediente a seus pais.

No entanto, deixemos de lado as divagações e peçamos à Mãezinha do Céu que nos abençoe e aos nossos filhos e netos. Ela foi mãe, certamente a melhor que existiu, pois soube oferecer tudo o que tinha de melhor para seu filho. Que ela, na sua doçura e simplicidade, conduza todas as mães da terra para a felicidade e que nós, seus filhos, saibamos honrá-la com o respeito que ela merece.

Vamos rezar:

Maria, não é fácil educar nossos filhos, mas confiamos em vosso exemplo de mãe. De modo particular rezamos pelas mães que sofrem por causa de seus filhos ou que sofrem com seus filhos. Fostes a mais santa de todas as mães e, por esta razão, nós vos pedimos que estejais ao lado das mais sofredoras. Também confiamos os pais à vossa proteção e ao amparo paterno de São José. Amém!

Maria, exaltada pelos teólogos!

Mesmo se passássemos o dia todo falando das maravilhas de Maria, teríamos ainda muita coisa a dizer no fim da tarde. Incomparável mulher, bendita entre todas, em todos os séculos, Maria é estrela da evangelização. Disso já sabiam os primeiros escritores cristãos, que não economizaram palavras para exaltar a figura da mãe amorosa.

Esses primeiros escritores da vida e da teologia cristã são os chamados santos padres. Santos porque nos deixaram testemunho fiel de seu amor a Jesus Cristo e à Igreja. Eles defenderam as verdades do Cristianismo contra as heresias que surgiram e que procuravam infiltrar-se no mundo cristão do seu tempo. Com incansável fidelidade escreveram páginas e mais páginas de legítima teologia e espiritualidade cristãs. E dessas páginas muitas são dedicadas a Maria.

Ambrósio, Agostinho, Jerônimo, Atanásio, João Crisóstomo são alguns desses Santos Padres que nos transmitem a fé e a vivência das primeiras gerações cristãs. Desde as primeiras gerações cristãs, vão surgindo depoimentos, reflexões sobre a participação de Maria na história da salvação, que levaram os cristãos a prestar uma homenagem especial àquela que foi escolhida por Deus para ser a Mãe do Verbo Encarnado.

Vejamos, por exemplo, o testemunho de Irineu, bispo de Lião, na França, que morreu por volta do ano 202. Ele foi discípulo de Policarpo, que, por sua vez, aprendeu sobre Jesus com o apóstolo São João. Irineu é um escritor muito importante. Contra alguns hereges de sua época, levanta-se o bispo de Lião afirmando a maternidade divina de Maria e a sua virgindade. Diz Irineu: *"Maria, tendo o varão predestinado e, contudo, permanecendo virgem, obedeceu ao Plano do Pai e tornou-se para todo o mundo causa de salvação"*.

Com expressões semelhantes, Tertuliano, no século terceiro, também escreveu: *"Numa virgem devia nascer o Verbo que gerasse a vida, a fim de que a humanidade, perdida pelo sexo feminino, recebesse a salvação por esse mesmo sexo. Eva creu na serpente, Maria acreditou em Gabriel. A falta cometida pela credulidade de uma foi destruída pela fé da outra"*.

Neste começo de século XXI não somos os primeiros a louvar Maria e nem seremos os últimos, mas cabe a nós manter firme essa devoção e essa memória amorosa. Virgem, mãe da Igreja, rogai por nós.

Vamos rezar:

Maria, vossa cooperação na história da salvação, ao aceitardes ser a mãe de Jesus Cristo, fez-vos merecedora de louvores ao longo das gerações nesses dois mil anos de Igreja. Seguimos louvando vosso nome, pois, ao vos louvar, fazemos um grande louvor a Deus que nos mereceu dar de presente tão bela e tão doce intercessora. Louvada sejais, Mãe da Igreja! Amém!

Maria, mãe dos cristãos!

Que tal pensar um pouco sobre a figura de Maria para os protestantes. Apesar de haver grupos que continuam a ter preconceitos contra Nossa Senhora, esquecendo-se de sua participação na história da salvação, muitas denominações evangélicas têm um carinho especial com a mãe de Jesus. Vamos deixar de lado estas "igrejas" que nascem nas esquinas todos os dias e considerar aqui somente as igrejas protestantes e evangélicas que têm alguma relevância histórica e doutrinal e que mantêm inclusive boa relação com a Igreja Católica – entre elas nossos irmãos luteranos.

Todos sabem que foi por Maria que nos veio o Salvador Jesus Cristo. Sua grandeza e sua glória estão, precisamente, em ter sido escolhida por Deus, sem merecimento pessoal, para a missão única de Mãe do Verbo Encarnado. Lutero, chamado de pai do protestantismo, nunca demonstrou aversão ao culto mariano bem orientado e dentro dos limites religiosos. Nas igrejas protestantes históricas, já não se encontra mais a brutal oposição à pessoa de Maria. Tal oposição está relegada a algum de outro círculo. Existe, no Protestantismo, uma veneração respeitosa pela Mãe de Cristo.

E são justamente os luteranos que estão na linha de frente dessa nova atitude para com a Virgem Maria. Ouvi de uma luterana, que trabalha e acredita no ecumenismo, a seguinte frase: *"O Senhor concedeu-me a graça, nos últimos decênios, de amar e venerar Maria. É um profundo desejo que trago em ajudar que Maria seja novamente amada como Mãe de Nosso Senhor. E isso corresponde ao testemunho da Sagrada Escritura e também ao que o nosso reformador Lutero nos indicou"*.

Hoje, muitos cristãos procuram aprofundar a compreensão do lugar de Maria na comunidade dos batizados. Há comunidades que rezam a Maria pela união dos cristãos. Ainda que existam diferenças doutrinais entre católicos e protestantes, hoje existe o espírito do ecumenismo, que procura unir as igrejas cristãs num único sentido, o de proclamar o evangelho de Jesus. Nesse sentido, Maria pode ajudar, já que ela mesma disse – *"Fazei tudo o que o meu Filho Jesus vos disser"*. Que encontremos o verdadeiro sentido da comunhão entre irmãos e lutemos pela unidade da fé.

Vamos rezar:

Maria, sofremos com a separação entre os cristãos! Queremos que o sonho de Jesus – que todos sejam um – realize-se o mais rapidamente possível. Ajudai-nos, Maria, a vencer as barreiras do preconceito e da desunião e abrir o coração para o espírito do ecumenismo! Amém!

Maria Arca da Aliança!

Hoje de manhã, resolvi arrumar umas gavetas que precisavam de organização. E olhe, surpreendi-me com quanta coisa boa e lembranças agradáveis acabei encontrando entre papéis velhos. É incrível a quantidade de recordações que se escondem numa simples gaveta.

Então meu pensamento voou até o coração de Maria. O evangelista Lucas nos diz que Maria *"guardava todas as coisas no seu coração"* (Lc 2,51). Ainda que seja uma comparação meio imperfeita, pensei no coração de Maria como se fosse uma gaveta, onde ela foi reservando as melhores lembranças da vida de Jesus. Quanta coisa boa devia estar naquele aconchego secreto do coração. Quantos sorrisos de Jesus ela guardava consigo? E quantas lágrimas ali havia?

Então meu pensamento foi mais longe ainda e lembrei-me de que entre nós, católicos, temos o costume de recorrer a Maria com o título de Arca da Aliança. Ela é reconhecida como aquela que guarda um grande tesouro consigo. Este tesouro, a Nova Aliança, é o próprio filho Jesus. Arcas são móveis grandes, que podem guardar grandes coisas. No Antigo Testamento, a Arca feita por Moisés guardava os mandamentos de Deus. Dez sinais do amor de Javé pela humanidade.

Maria é a Arca da Nova Aliança. Não uma arca de madeira, mas uma arca viva, que em seu ventre e em seu coração guardou o tesouro mais precioso de todos os tempos. Nela não estavam mais os mandamentos de Deus, mas estava o próprio Deus encarnado. Maria é chamada de Arca da Nova Aliança, pois o Filho de Deus, o Verbo, a Palavra de Deus que se fez homem, habitou em seu seio por nove meses – o ventre de Maria, o primeiro sacrário da História!

Maria é a Arca da Nova e Eterna Aliança. Junto dela nossas preces são ouvidas por Deus, e com vantagem, pois Ela aperfeiçoa nossas orações imperfeitas. Maria é a Arca da Nova e Eterna Aliança. Por intermédio dela o Verbo se fez Carne, por isso é Corredentora. *"E o Verbo se fez Carne e habitou entre nós"* (Jo 1,14), o Verbo se fez carne no ventre de Maria. Arca perfeita de amor onde o Amor pode encarnar-se!

Vamos rezar:

Maria, cujo coração é uma fonte inesgotável de amor e cuja vida é uma arca cheia de bênçãos, derramai sobre nós estas bênçãos e nos ajudai a ter em nossos corações somente bons sentimentos. Maria, Arca da Aliança, rogai por nós!

Maria, Nossa Senhora de Lourdes!

No dia 11 de fevereiro de cada ano, a Igreja Católica faz memória das aparições de Nossa Senhora na cidade de Lourdes. A história da jovem Bernadete emociona o mundo até hoje. E nos faz pensar nos maravilhosos sinais que Deus nos concede para que nele creiamos.

Em 11 de fevereiro de 1858, na vila francesa de Lourdes, Nossa Mãe Santa Maria manifestou-se de maneira direta e próxima seu profundo amor para conosco, aparecendo a uma menina de 14 anos, chamada Bernadete Soubirous.

A história da aparição começa quando Bernadete saiu, juntamente com duas amigas, em busca de lenha no lugar chamado Pedra de Masabielle. Para isso, tinha de atravessar um pequeno rio. Bernadete sofria de asma e não podia entrar na água fria. Por isso ela ficou de um lado do rio, enquanto as duas companheiras iam buscar a lenha.

Foi nesse momento que Bernadete experimenta a presença de Nossa Senhora, fato que a mudaria e que marcaria o resto de sua vida. Ela assim testemunhou: *"Senti um forte vento que me obrigou a levantar a cabeça. Voltei a olhar e vi que os ramos de espinhos, que rodeavam a gruta da Pedra de Masabielle, estavam se mexendo. Nesse momento apareceu na gruta uma belíssima Senhora, tão formosa, que, ao vê-la uma vez, dá vontade de morrer, tal o desejo de voltar a vê-la"*.

Bernadete continua seu testemunho dizendo assim: *"Ela vinha toda vestida de branco, com um cinto azul, um rosário entre seus dedos e uma rosa dourada em cada pé. Saudou-me inclinando a cabeça. Eu, achando que estava sonhando, esfreguei os olhos; mas levantando a vista vi novamente a bela Senhora que me sorria e me pedia que me aproximasse"*.

Bernadete relata também que Maria rezou com ela o terço e depois desapareceu. Em poucos dias, a Virgem volta a aparecer a Bernadete na mesma gruta. Entretanto, quando sua mãe soube disso não gostou, porque pensava que sua filha estava inventando histórias, e proibiu a filha de voltar àquela gruta. Com muito custo, a jovem retorna ao local das aparições juntamente com outras pessoas e novamente faz a experiência amorosa de Maria.

Entre os dias 11 de fevereiro e 16 de julho de 1858 houve 18 aparições. Estas caracterizaram-se pela sobriedade das palavras da Virgem e pelo surgimento de uma fonte de água que brotou inesperadamente junto ao lugar das aparições. Foi para Bernadete que Maria confessou: *"Eu sou a Imaculada Conceição"*. Esse dogma havia sido recentemente proclamado, em 1854, pelo Papa Pio IX. Que esse sinal belíssimo da presença de Maria nos leve a amá-la ainda mais.

O título dado à mãe de Jesus, em Lourdes, evoca também um carinho especial para com os doentes e enfermos, que aos milhares recorrem à intercessão carinhosa de Nossa Senhora, confiando em seu amparo materno. Milhares de peregrinos acorrem à Basílica de Lourdes todos os anos, fazendo desse lugar um dos mais visitados pelos católicos de todo o mundo!

Vamos rezar:

Dóceis ao convite de vossa voz maternal, ó Virgem Imaculada de Lourdes, acorremos a vossos pés junto da humilde gruta onde vos dignastes aparecer para indicar, aos que se extraviam, o caminho da oração e da penitência, e para dispensar, aos que sofrem, as graças e os prodígios da vossa soberana bondade. Recebei, Rainha compassiva, os louvores e as súplicas que os povos e as nações oprimidos pela amargura e pela angústia elevam confiantes a vós. Ó resplandecente visão do paraíso, expulsai dos espíritos – pela luz da fé – as trevas do erro. Ó místico rosário com o celeste perfume da esperança, aliviai as almas abatidas. Ó fonte inesgotável de água salutar com as ondas da divina caridade, reanimai os corações áridos. Fazei que todos nós, que somos vossos filhos por vós confortados em nossas penas, protegidos nos perigos, sustentados nas lutas, nos amemos uns aos outros e sirvamos tão bem ao vosso doce Jesus que mereçamos as alegrias eternas junto a vosso trono no céu. Amém. (Papa Pio XII)

Maria, virgem do silêncio!

Foi logo de manhã, ainda acordando naquele hotel da cidade grande, que eu parei um instante e percebi o imenso e ensurdecedor barulho ao meu redor. A cidade já acorda barulhenta, buzinas, apitos, ronco dos motores, altos-falantes, músicas, vendedores, enfim, uma poluição sonora absurda e sem sentido... Então me pus a pensar no barulho ensurdecedor no qual vivemos mergulhados.

Uma coisa é certa: nessa confusão de barulhos, todos nós ansiamos pelos momentos de silêncio. Coisa boa é encontrar recantos de paz e sossego. Quantas pessoas saem das grandes cidades rumo ao interior todos os fins de semana. Elas buscam o aconchego silencioso da natureza, a paz, o silêncio dos campos, onde se ouvem apenas o vento, o canto dos pássaros, das cigarras... E de noite, o coaxar dos sapos e o cri-cri-cri dos grilos. No fundo queremos encontrar Deus no silêncio.

O silêncio, quando bem entendido, é um lugar de encontro profundo com Deus. O silêncio na comoção, na emoção, diante dos grandes momentos da vida, quando Deus nos visita, quando a graça nos toca mais de perto. O silêncio é reparador, é um pedido de perdão.

Encontrar momentos de silêncio e solidão vai ajudar-nos a construir uma relação com Deus e mergulhar no seu amor. Nas páginas da Bíblia encontramos homens, mulheres, profetas, sábios e reis, camponeses e pescadores, que procuravam ir para os lugares desertos e ficar em silêncio. Jesus mesmo retirava-se para rezar. O tempo da Quaresma, por exemplo, é a lembrança daquela quarentena silenciosa de Jesus no deserto.

E aí eu me pergunto: com quem aprendemos a rezar? Geralmente, são as mães aquelas que ensinam a seus filhos as primeiras orações. E, desse modo, se Jesus gostava de rezar no silêncio, deve ter aprendido essa forma de oração com sua mãe. Maria, a virgem do silêncio.

Maria de Nazaré, Mãe de Jesus, a Mãe de Deus, conservava em seu coração as coisas mais difíceis da vida de Jesus e as meditava: as difíceis horas de Belém, a fuga para o Egito, a vida em Nazaré. Ela fala somente quando a glória de Deus exige, como na anunciação, na visita a Santa Isabel, no lindo canto do Magnificat. Na dor do Calvário ela se cala; no enterro de Jesus ela fica muda, o silêncio está com ela na hora do sepultamento; e fica com Maria o silêncio da saudade depois que Jesus subiu aos céus.

No silêncio de Maria depositamos hoje todas as pessoas, talvez eu e você, que ainda não descobrimos que é no silêncio que Deus nos fala com maior solicitude. Que Maria inspire--nos a buscar o silêncio dos desertos interiores, o sossego de uma capela do santíssimo, a tranquilidade de um retiro. Que a Virgem silenciosa mostre-nos que o provérbio popular reza a verdade: a palavra é de prata, mas o silêncio é de ouro.

Vamos rezar:

Virgem do Silêncio, Senhora de poucas palavras e do muito meditar, nem sempre somos capazes de fazer silêncio, e tantas outras vezes, ainda que reine silêncio fora de nós, em nosso interior existe agitado mar de tribulações, cansaço, preocupações e dores. Conduzi-nos ao silêncio verdadeiro, aquele no qual Deus consegue nos falar, e que alcancemos, em silenciosa contemplação, o colo amoroso de nosso Criador! Amém!

Maria, mulher quaresmal!

A Igreja Católica, em sua dinâmica litúrgica, segue, ao longo do ano, os principais mistérios da fé que cercam a vida, paixão, morte e ressurreição de Jesus Cristo. Temos o tempo do Natal, da Páscoa, o Advento do Senhor, a Quaresma, os tempos comuns e, permeando cada um deles, solenidades, festividades e memórias litúrgicas diversas. Assim a vida segue recordando o amor de Deus pela humanidade.

Particularmente, gosto do tempo da quaresma. Esses quarenta dias que antecedem a Páscoa do Senhor nos convidam à conversão de nossas atitudes, ajudam-nos buscar a centralidade de Cristo em nossa vida e é momento propício para reafirmarmos o nosso carinho por Nossa Senhora. Aliás, uma quaresma que se inspire nas atitudes de Maria será verdadeiramente um momento de profunda relação com Deus. Caridade, oração e jejum são sinais externos de nossa ligação com Deus, marcas simbólicas da quaresma. Maria foi mãe da caridade, a mulher de oração e do jejum.

A primeira atitude quaresmal é a oração. Orar é dialogar com Deus, colocar-se diante dele e deixar com que sua presença invada nossa vida. Com Maria aprendemos que rezar é a primeira atitude cristã. Quem reza, sabe reconhecer o absoluto de Deus. Sem dúvida Maria foi e é uma mulher de oração.

Depois a quaresma nos convida ao jejum. Abster-se de alguma coisa da qual gostamos muito, não para orgulho próprio, mas para mostrar a nós mesmos que somos capazes de controlar nossos apetites. Maria certamente abriu mão de muita coisa em favor do seu filho. Isso não a diminuiu em nada, ao contrário, somente a engrandeceu diante de Deus e dos homens.

Enfim, a última atitude da quaresma é a caridade. Servir ao próximo com gestos concretos de solidariedade é uma atitude cristã fundamental. Neste ponto Maria foi excelente. Soube servir a todos, de modo especial os pequeninos. Basta lembrar a ajuda que ela prestou à sua prima Isabel e sua preocupação em ajudar os noivos no casamento em Caná da Galileia.

É bom viver cada tempo da liturgia com seu espírito peculiar, introduzir em nossas comunidades os símbolos, cantar, rezar, louvar a Deus pela vida. Mas é bom sobremaneira viver internamente o espírito que vivifica as celebrações da vida, e, nesse sentido, viver bem a quaresma, com Maria, vai tornar-nos em Cristo novas criaturas.

Vamos rezar:

Maria, quaresma é tempo de conversão! Por meio da oração, do jejum e da caridade, fazemos nascer uma nova criatura em nós. Dai-nos a serenidade de vosso Filho Jesus, que soube vencer as tentações do pecado e do mal e cumprir plenamente os desígnios de Deus. Amém!

Maria, mãe Aparecida!

Ontem de manhã fui ao Santuário Nacional de Nossa Senhora Aparecida. Não fui rezar missa, nem atender confissões. Fui observar os romeiros de Aparecida e conversar com eles sobre o amor a Nossa Senhora. O movimento estava calmo e assim pude ter oportunidades maravilhosas de contatos com o povo de Deus.

Sempre quando entro no Santuário recordo aqueles três benditos pescadores que, em 1717, recolheram das águas do Rio Paraíba do Sul a imagem quebrada de Nossa Senhora da Conceição. Por ter se enroscado na rede de peixes, por ter aparecido ali misteriosamente, em duas partes, logo a chamaram de "Aparecida". Desde então, entre graças, bênçãos e milagres, Nossa Senhora Aparecida vem mostrando ao povo brasileiro o caminho de seu Filho Redentor!

Mas voltemos à minha andança pelo Santuário. Primeiro fui ao lugar para o qual todos os olhos se voltam: o nicho de Nossa Senhora Aparecida. Primeiro olhei eu mesmo para Maria, silenciei meu coração e rezei um pouquinho.

Aquela imagem pequenina, de cor escura, serena e silenciosa realmente transmite coisa boa para nosso coração. Naquele imenso altar dourado, a simplicidade de Maria nos surpreende.

Depois resolvi conversar com uma senhora que estava do meu lado. Já idosa, com lenço na cabeça, lágrimas nos olhos, balbuciava uma oração. Pedi licença e perguntei-lhe se ela vinha sempre a Aparecida. Meio temerosa ela disse que era a primeira vez em Aparecida. Muito curioso eu ainda perguntei se ela estava gostando.

Agora, já mais segura, ela me disse emocionada: *"Se quando eu morrer o céu for igual a Aparecida será a coisa mais linda da minha vida"*. Sorri para ela e disse que a casa da Mãe é mesmo um pedacinho do céu. Ela concordou acenando com a cabeça.

Segui depois para a sala das promessas, local onde os devotos depositam sinais concretos das graças alcançadas por intermédio da mãe de Jesus: objetos de cera, fotografias, roupas, instrumentos de trabalho, intenções anotadas em papel... Cada um dos objetos ali deixados carrega uma história, é fruto de uma relação amorosa com Jesus e Maria, é parte da vida de alguém que soube acreditar na força da fé. Flagrei um jovem rapaz entregando ali um capacete de motocicleta, bastante danificado, e imaginei que deveria ser seu agradecimento por ter sido salvo de algum acidente. Outra senhora, com umas asas de anjinho, dessas feitas com papelão e penas, saiu dali sorrindo, deixando com os atendentes este sinal de graça, possivelmente envolvendo uma criança.

Sai dali com o coração cheio de alegria. Não tenho muitas palavras para descrever o quanto é bom sentir que em Aparecida, aos pés de Nossa Senhora, coisas tão simples e tão profundas acontecem. A sabedoria das pessoas que aqui vêm não está registrada em livros ou em teses de faculdade. Mas é sabedoria humana, enraizada no coração e devotada a Deus. Maria é mesmo nossa mãe. Só mesmo ela para oferecer um lugar tão cheio de coisas boas e bons sentimentos. Obrigado, Nossa Senhora, mãe de Jesus, por ter oferecido ao povo brasileiro sua presença amorosa. Obrigado por tudo, minha Nossa Senhora Aparecida!

Vamos rezar:

Ó Maria Santíssima, pelos méritos de Nosso Senhor Jesus Cristo, em vossa querida imagem de Aparecida, espalhais inúmeros benefícios sobre todo o Brasil. Eu, embora indigno de pertencer ao número de vossos filhos e filhas, mas cheio do desejo de participar dos benefícios de vossa misericórdia, prostrado a vossos pés, consagro-vos o meu entendimento, para que sempre pense no amor que mereceis; consagro-vos a minha língua, para que sempre vos louve e propague a vossa devoção; consagro-vos o meu coração, para que, depois de Deus, vos ame sobre todas as coisas. Recebei-me, ó Rainha in-

comparável, vós que o Cristo Crucificado deu-nos por Mãe, no ditoso número de vossos filhos e filhas; acolhei-me debaixo de vossa proteção; socorrei-me em todas as minhas necessidades, espirituais e temporais, sobretudo na hora de minha morte. Abençoai-me, ó celestial cooperadora, e, com vossa poderosa intercessão, fortalecei-me em minha fraqueza, a fim de que, servindo-vos fielmente nesta vida, possa louvar-vos, amar-vos e dar-vos graças no céu, por toda a eternidade. Assim seja!

Maria, serva de Deus!

Ouvi dizer que existem mais ou menos uns três mil títulos com os quais a mãe de Jesus é venerada em todo o mundo católico. São títulos carinhosos, escolhidos por causa do lugar onde a Virgem está presente ou então pelo tipo de intercessão com a qual ela nos presenteia. Mas é sempre bom recordar que, qualquer que seja o título a ela dado, Maria é sempre a mesma mulher, a mãe de Jesus Cristo!

Hoje, vamos refletir sobre Maria, a Serva de Deus. Este título está ligado com uma ordem religiosa muito antiga, os Servos de Maria, ou simplesmente Servitas. Eles nasceram na Itália, no século XIII. Era um período de terríveis desentendimentos internos na cidade de Florença. Foi então que sete jovens fundaram uma associação mariana e reuniram-se para fazer versos e canções para Maria.

Num desses encontros ao redor da imagem de Maria, tiveram uma experiência profundamente mística. Conta-

-nos a história que, no dia 15 de agosto de 1233, a cabeça da imagem moveu-se e tornou-se triste, como querendo expressar sua dor diante das lutas internas da cidade de Florença. Extasiados com essa experiência, os jovens abandonaram suas famílias, distribuíram seus bens aos pobres, revestiram-se com hábito penitencial e retiraram-se para um casebre fora dos muros de Florença, formando uma comunidade.

Logo foram chamados de "Servos de Maria", pois desde o início eles dedicaram-se ao serviço da caridade e da contemplação dos mistérios de Deus, tendo Maria como a referência de todo esse apostolado. Os Servitas espalharam-se pela Itália e toda a Europa, sempre abençoados pela proteção da Mãe de Deus, de quem sempre foram defensores.

Que coisa bonita a amizade em Deus. Sete amigos, inspirados por Maria, fizeram da sua vida o início de uma obra missionária maravilhosa. O exemplo dos fundadores dos Servos de Maria mostra-nos que a amizade é profundamente evangélica. Juntos eles dedicaram suas vidas no serviço aos mais pobres, iluminados por nossa Mãe Maria. Que nossas amizades sejam sinceras e abertas ao próximo. Quando somamos forças, somos muito mais eficazes no trabalho da evangelização.

Vamos rezar:

Inspirai-nos, ó Deus, a profunda piedade dos Sete Fundadores dos Servitas que se distinguiram pela devoção à Virgem Maria e a vós conduziram o vosso povo. Que nós também sejamos devotos de Maria e procuremos levar ao mundo a mensagem de paz que esta grande mulher nos deixou. Maria, serva de Deus e amiga dos homens, rogai por nós.

Maria, silêncio aos pés da cruz!

De acordo com nossa fé, Maria foi absolutamente devotada a Deus, fazendo da sua vida um espelho do amor de Deus pela humanidade. Sua doçura e temperança marcam todas as suas atitudes. Neste sentido, Maria foi profundamente convertida ao plano amoroso do Pai. Nela a caridade e a oração eram práticas constantes e transformadoras.

De todos os gestos marcantes da vida de Maria, não há outro mais profundo do que a cena aos pés da cruz. Acho que nunca teremos capacidade de imaginar o que realmente aconteceu no Gólgota aquele dia. Mas uma coisa é certa. Mesmo diante da crueldade sofrida pelo Filho, morto injustamente pelas forças políticas e sociais de sua época, Maria esteve firme, em pé diante da cruz. Ficar em pé, naquela situação, foi gesto de extrema coragem e segurança.

Talvez o coração de Maria estivesse prostrado diante da morte do filho. A espada de dor, que naquela hora traspassou seu peito, já havia sido profetizada no dia da apresentação do menino no Templo. Agora, fortalecida pela passagem dos anos, Maria sente que era hora de enfrentar a dor pela morte do filho. E mesmo com o coração ferido por tamanha maldade humana, uma dor que só conhecem as mães que perderam seus filhos, Maria ficou em pé, segurando-se em quem sempre se apoiou – nas mãos de Deus!

Mas jamais coloquemos em dúvida a fé de Maria. Acredito que Maria conseguiu ficar em pé, diante do filho assassinato, porque no fundo ela tinha certeza de que aquilo não seria o fim de tudo. Não foi ela quem guardava todas as coisas no seu coração? Certamente Maria lembrava-se das palavras do filho que um dia disse: *"O filho do homem deve sofrer, ser morto e ressuscitar no terceiro dia"* (Lc 9,22).

Essa certeza alimentou a fé de Maria. Ela sentia no seu coração, no mais íntimo de sua maternidade, que o Deus da promessa não a abandonaria ao sofrimento. Que as promessas de Deus, feitas pela boca do anjo Gabriel, seriam cumpridas integralmente. Que mesmo vendo o sangue escorrendo da cruz, ela logo teria seu filho de volta. Tanto é verdade essa convicção de fé de Maria que no dia da Ressurreição ela mesma não vai ao túmulo. Para quem crê não é necessário ver. A verdadeira fé enxerga mesmo na escuridão.

Por isso, louvando Maria, peçamos que ela nos inspire a acreditar na Redenção trazida a nós por seu filho Jesus e depositar nossa confiança naquele que nos ama acima de qualquer coisa.

Vamos rezar:

Mãe Dolorosa, que aos pés da cruz permanecestes em pé contemplando silenciosa a morte de vosso Filho Jesus, dai-nos ter em nossos momentos de dor e de desespero uma gota dessa fortaleza que tivestes aos pés do madeiro sagrado. Cuidai de nossos corações aflitos e dai-nos a serenidade dos filhos de Deus! Amém!

Maria, mãe dos humildes!

Ainda que na vida nem tudo sejam flores, é importante encontrar motivos para perceber que Deus nos ama. Aliás, a única coisa que Deus consegue fazer, quando olha para cada um de nós, é amar-nos sem limites. E mais. Recebemos também de Maria muitas bênçãos e graças. Somos abençoados duplamente.

Por falar em bênção, convenço-me de que a presença de Maria, em nossas vidas, é sempre um caminho de bênção para nós e nossa família. Digo isso porque todos os dias eu recebo testemunhos de pessoas que agradecem a intercessão de Nossa Senhora em momentos difíceis da vida. Esses devotos reconhecem que, por meio de Maria, a graça de Jesus Redentor entra com muito mais rapidez em nossa casa.

Uma dessas pessoas queridas, devoto de Maria Santíssima, deu-me de presente uma poesia dedicada a Nossa Senhora.

Quando recebo esse tipo de agradecimento, eu recordo o Evangelho e Jesus louvando a Deus, porque os mais simples e humildes reconhecem muito melhor a graça divina em suas vidas. Os maiores louvores, os mais sinceros, são ditos pelas pessoas mais simples. Desses corações embebidos pela simplicidade, brotam palavras e gestos de seguimento das verdades do Evangelho. Esse senhor mineiro, que me pediu para não publicar seu nome, assim escreveu:

Maria, que a Deus conduz, junto de Jesus, é nossa intercessora.
Maria, mistério profundo no mistério do mundo.
Maria professora, mulher de verdade, da humanidade corredentora.
Maria medianeira, fiel companheira, ouvi nossa voz.
Nos livre do ódio e das mágoas, das ondas e das águas, deste mar feroz.
Maria, rainha das flores, Senhora das Dores, rogai por nós!
Maria de Aparecida, no rio Paraíba, nos deu um sinal;
Na rede dos três pescadores mostrou seu amor divino e total.
Maria de encantos mil, de todo o mal, protegei o Brasil.

A simplicidade do poema nos encanta. Simples e profundamente teológico. Ele está embebido da sã doutrina sobre Maria. Vejamos. Maria é chamada intercessora e corredentora. Ela intercede por nós junto a Deus, fala de nós para Deus. É claro que sabemos que o Único Mediador entre Deus e os homens é Jesus Cristo. Tudo é feito por Cristo nosso Senhor.

Mas desde sempre acreditamos e sabemos que é válido rezar uns pelos outros. Se nós, pecadores, rezamos pelos amigos e familiares, o que dizer de Maria? Será que a mãe de Jesus não pode interceder por nós? Claro que pode! E ela o faz, sendo a mãe que se preocupa com a felicidade de seus filhos.

Ela também foi chamada de corredentora porque sua participação na obra de redenção foi decisiva. O seu sim, no dia da Anunciação, mudou o rumo da vida de todos os homens e mulheres. Graças à obediência de Maria, nós recuperamos a amizade com Deus.

Enfim, nosso amigo poeta também fala das virtudes e valores de Maria. Professora, companheira, medianeira, rainha e mãe. A lista poderia ainda conter muitos outros adjetivos, pois tudo o que dissermos sobre Maria será insuficiente para descrever sua doçura e bondade. Por isso louvamos Maria, hoje e sempre!

Vamos rezar:

Maria, mãe de Jesus, vossa simplicidade nos encanta e nos inspira a viver uma vida livre de apegos materiais. Sabemos que somos diariamente seduzidos pela tentação da riqueza, do poder e do prazer, e nessas horas recorremos à vossa presença, ó Mãe de Amor, para que nos ajudeis a fugir do mal e escolher o bem. Dai-nos o dom da simplicidade! Amém!

Maria, mãe da vida!

Hoje é dia de seu aniversário? Ou dia de cumprimentar algum aniversariante? É sempre assim, a vida sempre nos convida a festejar a data em que nascemos, e há sempre alguém, conhecido, parente, familiar, amigo, que completa mais um ano de vida. E se há um presente que todos deveriam pedir no dia de sua celebração de aniversário, este é a bênção de Deus e a proteção de Maria, mãe de Jesus.

Aproveito que comecei a falar de aniversários para puxar o fio da meada da vida! Vida: presente mais maravilhoso que Deus nos deu! Eu realmente não compreendo porque existem tantos destruidores da vida, tantos profetas da morte e da guerra: morte de homens adultos, de crianças e até de fetos! E depois essas mesmas pessoas acham que se vestir bem, luxuosamente, comer do bom e do melhor garantem status e beleza. Quanta superficialidade e quanto desdém pela vida criada por Deus! Quanto dinheiro gasto inutilmente! A onda da ostentação materialista está devorando os verdadeiros valores da vida e esvaziando as pessoas, que vão tornando-se mais tristes, solitárias, depressivas e angustiadas. Uma pena!

O amor pela vida me faz lembrar Nossa Senhora. Ela soube ser um exemplo de cuidado pelo dom de Deus. Recebeu com alegria o Filho de Deus em seu ventre, gestou-o com carinho, deu a ele amor e carinho desde o nascimento e ficou ao seu lado até a hora da morte. Que cena memorável aquela de Maria em pé ao lado da cruz. A vida que estava sendo destruída na cruz, pela maldade humana, era contemplada do solo pelo olhar sofrido e amoroso da mãe. Olhar que sabia a dor que o filho sentia, mas que ao mesmo tempo sentia que aquele momento seria restaurado na Ressurreição.

A vida de Jesus e a vida de Maria deveriam iluminar a vida de muitos de nossos governantes. Aliás, não só a vida dos governantes, mas a vida de patrões e empregados, leigos e clérigos, jovens e adultos. Fôssemos capazes de recolher um pouco de tudo que foi a vida do Filho de Deus e a vida de Maria certamente nossa sociedade seria mais fraterna. Mas não: parece que preferimos levar as pessoas para a cruz ao invés de retirá-las da escuridão dos túmulos de morte. Estamos matando, e não manifestando a ressurreição!

Falar de vida provoca em nós alegria. É bom receber amigos e presentes no dia do aniversário. Mas, ao mesmo tempo, celebrar a vida nos faz pensar em milhares de pessoas que não têm um mínimo de possibilidade de viver bem e de maneira digna sua existência. Jesus não gosta de ver seu povo sofrer. Maria certamente sofre com a dor dos mais pobres. E em nós deve soar o mandato do amor ao próximo – "amai-vos uns aos outros".

Vamos rezar:

Senhor da Vida, tudo o que sou vem do amor que tendes por mim. Nasci por amor, vivo no amor e com amor me redimistes. Ajudai-me a valorizar a vida, a exemplo de Maria, e a zelar pela integridade de todas as pessoas que cruzam os meus caminhos. Amém!

Maria, mãe do Cristo, nossa Páscoa!

Entre os tempos litúrgicos celebrados na Igreja Católica, aquele que ocupa a centralidade de todo mistério de Salvação é a Páscoa da Ressurreição de Jesus Cristo. *"Se Cristo não tivesse ressuscitado vão seria nossa fé"* (1Cor 15,14). A Páscoa é o centro da fé e raiz da Igreja. Páscoa é passagem. É o abandono da morte e a aceitação da vida. Em tudo isso, ao lado da glória de Jesus, está resplandecente a glória de Maria. O Cristo Ressuscitado foi capaz de glorificar sua mãe, discípula exemplar e seguidora fiel do Evangelho.

Sabe que nesses dias, ouvindo os testemunhos da ressurreição de Jesus, peguei-me pensando em algumas coisas que nunca havia pensado antes. Você já percebeu que naquela manhã de domingo, Madalena, outras mulheres, os apóstolos e discípulos foram ao túmulo ver o que tinha acontecido com o mestre? Um a um eles foram ver o túmulo para poder entender o fato da ressurreição.

Mas onde está Maria, a mãe de Jesus? Você notou que a mãe de Jesus não aparece em nenhum relato evangélico indo ao túmulo do filho? Parece estranho, uma vez que geralmente são as mães que mais conservam a memória dos filhos e sentem a falta de seus amados. Mas por que então Maria não foi ao sepulcro naquela manhã de domingo?

Alguns podem dizer que Maria talvez estivesse cansada ou muito abatida pelo fato da crucifixão. Que ela não queria recordar a morte recente do filho, que estava agoniada com tanta dor e sofrimento. Mas há outra teoria, teologicamente muito mais bonita e integradora – que não elimina a dor de Maria, mas que dá a ela a certeza das promessas de Deus. Maria sabia em seu íntimo que seu filho não ficaria preso nas sombras da morte e que ressuscitaria.

Ela acreditou nas palavras de Jesus. Mesmo sem ter presenciado o fato, ela creu. *"Bem-aventurados os que não viram e acreditaram"* (Jo 20,29). De onde eu recolho essas ideias? Do próprio evangelho. O evangelista Lucas nos informa que Maria guardava tudo no coração. Assim, quando seu filho afirmava que iria sofrer e ressuscitar no terceiro dia, ela recolhia essas palavras e refletia. Na manhã de domingo, quando todos estavam espantados com o sumiço de Jesus, Maria estava com o coração aliviado, pois as promessas de Deus tinham finalmente se cumprido. A Vida venceu a morte, definitivamente!

Tanto assim é verdade que, ausente no sepulcro, Maria se fez presente na comunidade Igreja que nasceu após a ressurreição. No dia de Pentecostes ela estava lá, com os apóstolos. Maria não se importou com a morte, mas acreditou na Igreja que nascia para ser a continuadora da missão de seu amado filho Jesus!

Maria é a mãe do Ressuscitado. Ela acreditou sem ver. Ela proclamou as maravilhas de Deus confiando em seu amor. Nunca duvidou de que do Céu nos viria a bênção mais preciosa. Nada mais justo que louvarmos essa mulher magnífica.

Vamos rezar:

Maria, mãe do Ressuscitado, quanta confiança tiveste em Deus e em suas promessas de amor. Não duvidastes nem por um segundo que vosso Filho venceria a morte e revelaria sua glória no dia da Ressurreição. Ensinai-nos o dom da confiança, da fé e da esperança nas coisas de Deus! Não nos deixeis fechar os olhos diante das maravilhas que o Senhor realiza na nossa vida! Amém!

Maria, mãe da verdade!

De todas as invenções do calendário humano, algumas bizarrices são populares, mas mesmo assim me causam estranheza. Por exemplo, dia da mentira. Tentei descobrir a origem da data, mas parece não haver muita concordância entre as pessoas sobre o fato de celebrar nos dias atuais o dia da mentira. Ao que tudo indica este espírito de bom humor e brincadeira surgiu na França ainda no século XV. No Brasil, dia primeiro de abril é dia de pregar peças nos amigos, espalhar inverdades por aí. Mas o clima de brincadeira não pode esconder a Verdade, ou seja, mentiras *nunca* serão o melhor meio de conseguir nossos objetivos.

Existe uma diferença grande entre ter um dia para *brincar* de mentir e viver uma vida baseada em mentiras e enganos. A alegria e o bom humor são dons do Espírito, mas mentiras que prejudicam o próximo devem ser eliminadas de nossa vida.

Aqui entra a força redentora da Palavra de Jesus: ele é a Verdade! Tudo o que se esconde na escuridão e nas trevas será revelado pela luz da Verdade. Mentiras, corrupções, tramas secretas, enfim tudo aquilo que é feito às escondidas, visando interesses pessoais injustos, será um dia, com certeza, desmascarado. Não vale a pena caminhar na escuridão! Só quem tem algo para esconder gosta de ficar perdido nas sombras!

Deus, quando desenhou um mundo para que habitássemos, criou dois luzeiros. Um para conduzir o dia e outro para orientar a noite. Esses dois símbolos da luz estão presentes em Maria. Ela é a mulher vestida de sol e com a lua aos pés. O sol constrói a luz do dia e a lua reflete a luz para a noite. Maria é toda ela luminosidade e claridade. Seu semblante sereno nunca escondeu seus verdadeiros sentimentos. Sua vida não conheceu a mentira. Maria, Estrela da Evangelização, levava luz aos lugares por onde caminhava.

Por isso é que a luz de Jesus, que tudo ilumina, é refletida com esplendor na vida de Maria. O Redentor, Jesus, e sua mãe, Maria, iluminam os caminhos de nossa vida. Jesus é o próprio Deus Encarnado, que tem a luminosidade própria da divindade. Maria é o reflexo mais perfeito desse amor. Agraciada desde o momento de sua eleição, quando foi escolhida para ser a mãe de Deus, Maria transpareceu seu amor por Deus em todos os momentos da vida.

Vamos rezar:

Maria, fazei que sejamos homens e mulheres da verdade. Que saibamos trilhar o caminho de Jesus Cristo e façamos nossa trajetória iluminados pela luz do dia. Maria, mãe da Verdade, que é o Cristo, rogai por nós.

Maria, meu belo amor!

Por que nós católicos amamos tanto Nossa Senhora? Quais são os motivos que nos levam a elevar a voz para louvar a mãe de Jesus? Resolvi pensar um pouco sobre essas perguntas e encontrar boas respostas, afinal, quando soubermos dizer com clareza por que amamos a mãe de Jesus, então ninguém poderá tirar de nós a certeza de que Maria colabora com seu filho na obra da Redenção. Mas como encontrar respostas para essas perguntas? Ao invés de procurar em livros ou tratados de teologia, a melhor resposta sobre o amor a Nossa Senhora deve estar guardada no coração daqueles que expressam este amor e devoção no seu dia a dia. Pensando nisso fui procurar respostas entre os devotos de Nossa Senhora.

Uma amiga, muito devota de Nossa Senhora, disse-me: *"Eu gosto de Nossa Senhora porque eu aprendi desde criança a amar minha mãezinha e ela nunca me abandonou"*. Este testemunho nos ensina coisas lindas sobre o amor a Nossa Senhora. Veja que o amor se planta desde cedo; no coração da criança deve ser semeada a semente da religião, da fé, do amor a Jesus e a Maria. A semente plantada na infância e cultivada com carinho dará frutos na vida do jovem e do adulto.

É no seio da família que aprendemos a amar as coisas de Deus. As verdades da fé, que escutamos quando somos pequeninos, ficam guardadas conosco pela vida afora. Ainda que durante algum tempo da vida nos afastemos da Igreja e das coisas de Deus, uma hora retornamos para a casa do Pai. Como na parábola do filho pródigo, quando temos em nós a saudade das coisas de Deus, mesmo se a vida nos afastar dele por um tempo, nós sempre vamos retornar para o colo do Pai.

Outro devoto de Nossa Senhora disse que a ama porque ela é a mãe de Jesus e por isso é também sua mãe. Este jovem cristão destacou a maternidade de Nossa Senhora. Amamos muito a nossa mãe terrena, e este carinho sentimos com muito mais força pela mãe do Céu. Somos uma religião que tem presença materna, feminina, acolhedora!

Finalmente, quando perguntei a uma senhora, já idosa, que estava rezando o terço na igreja, qual a razão de ela amar tanto Maria, mãe de Jesus, ela me respondeu sorrindo: *"Quando a gente é criança, a gente aprende a amá-la e, depois, com o passar dos anos, a gente vai percebendo que seu exemplo de vida é realmente muito bom para nós"*. É a voz da sabedoria humana falando com o coração. É a experiência de alguém que provou na vida a beleza de amar Nossa Senhora. É a voz que reafirma o valor da devoção e do carinho pela mãe de Deus.

Quando gostamos de uma pessoa, pensamos nela, sonhamos com ela, queremos estar perto dela, conversar, dizer palavras elogiosas. Quando amamos, queremos fazer a pessoa amada feliz. Assim é a relação do Povo de Deus com Maria. Sabemos que nossos louvores chegam ao coração de Maria e que podemos contar com sua intercessão na hora da dor. Deus amou Maria e a escolheu para ser a mãe de seu filho. Quem sou eu para não amá-la?

Vamos rezar:

Maria, mãezinha querida, no coração da gente simples encontramos os mais belos sentimentos de amor para com as coisas sagradas. Vós fostes uma mulher humilde, do povo, dedicada aos pobres e sofredores e essa vossa disposição em servir reflete com esplendor no coração da gente mais necessitada. Dai-nos a sabedoria dos simples e guiai-nos nas horas da dor. Amém!

Maria, esposa do Espírito Santo!

A coisa mais bonita do mundo é amar. O amor é a força que nos move e nos diz que vale a pena continuar vivos e insistentes com a construção de um mundo fraterno e justo. São Paulo Apóstolo, na Carta aos Coríntios, escreve um lindo texto sobre o amor (1Cor 13). Ele nos mostra as qualidades do amor verdadeiro. No amor não há inveja, não há tristeza, não há infidelidade. No amor existe bondade, paz, dedicação, carinho, respeito. São Paulo é muito lúcido e não se deixa envolver por um amor que seja novelesco, superficial, pornográfico. O amor que São Paulo prega é reflexo de Deus entre os homens.

Onde está Maria nessa história do amor de Deus pela humanidade? Maria é a mãe daquele que testemunhou ao mundo o verdadeiro sentido do amor. Maria é a mãe do Amor – com A maiúsculo, pois Deus é Amor. E mais que mãe, Maria foi quem ajudou seu filho Jesus a descobrir, desde a infância, o sentido do amor verdadeiro que Deus pede de seus filhos. Quando Jesus afirma que devemos amar ao próximo como a nós mesmos, certamente ele o faz porque havia aprendido a fazer isso desde menino. Nossa Senhora, com certeza, ensinou seu filho que amar seus semelhantes, os mais necessitados entre nós, é o maior mandamento de Deus.

Maria foi amada por Deus e preparada para ser a mãe de Jesus. Foi escolhida não por causa de riquezas ou inteligência. Foi escolhida pela humildade e pela singeleza em se fazer obediente à vontade de Deus. Maria era tão simples que, no dia em que o anjo Gabriel falou com ela, anunciando o nascimento de Jesus, Maria quase hesitou. Fez uma pergunta, afinal ela não era casada e sabia que bebês precisam de um homem e uma mulher para serem formados. Mas o anjo a tranquilizou e profetizou sobre o miraculoso nascimento de Jesus: será o Espírito Santo que vai fecundá-la, Maria, será a força de Deus que vai gerar esse menino. Não tema, mas confie!

"Eis aqui a serva do Senhor! Faça em mim segundo a tua Palavra" (Lc 1,38). Que palavras medidas e profundamente inspiradas. Nesse momento o Santo Espírito de Deus já devia estar repousando nela. A partir de então a vida de Maria foi uma doação de amor. Com a mesma medida que foi amada por Deus, Maria, a menina de Nazaré, amou Jesus Cristo, e por causa dele toda a humanidade que ainda hoje clama: rogai por nós, santa mãe de Deus, para que sejamos dignos das promessas de Cristo!

Vamos rezar:

Maria, vossa vida sempre foi fecunda e bela! Em vós repousou plenamente o Espírito de Deus e dele recebestes o dom da maternidade. Este mesmo Santo Espírito segue orientando nossa vida, por isso, Mãe querida, dai-nos palavras certas para que clamemos em nossa vida o dom de amor espiritual e oblativo pelos mais necessitados. Amém!

Maria, feminilidade amorosa!

Há um traço feminino em Maria que serve de inspiração para todas as mulheres que desejam ser verdadeiramente felizes. A feminilidade de Maria, a nova Eva, a mãe da nova criação em Jesus Cristo transcende a humanidade, e, no seu ser de mulher, Deus encontrou lugar para se tornar menino – a divindade repousa sobre ela. Maria é a mulher que esmagou o mal com seu calcanhar e garantiu um terreno tranquilo para o nascimento do Filho Salvador. Em Maria, todas as matriarcas e profetisas da Antiga Aliança são representadas. Maria é mãe das mães, a profeta que clama justiça aos mais humildes, mulher que, ao ser por Deus glorificada, elevou a dignidade de todas as mulheres.

Nossa tradição cristã ofereceu a Maria alguns privilégios que a marcam como uma mulher especial. Mesmo antes de nascer, Maria foi destinada a ser a mãe de Jesus, por isso foi concebida sem pecado original. Este privilégio não era por causa dela mesma, mas pelo fato de que seu ventre abrigaria o Salvador de toda a humanidade.

Outro título de Maria é ser chamada *"Shekinah"* de Deus, ou seja, a tenda onde a arca de Deus encontra abrigo. Toda mulher é um abrigo seguro para os filhos, na gravidez e depois dela. A mulher, na simbologia humana mais primitiva, é aquela que acolhe o amor na forma de uma criança. Maria é Grande Tenda, pois nela foi gestado o verdadeiro Amor em forma de menino.

Maria foi linda esposa, mulher que encantou o coração de José. O judeu justo e santo enamorou-se de Maria quando ela era ainda jovenzinha. A menina, que devia ter seus 14 ou 15 anos, prometida a seu noivo, era espelho de doçura e bondade. Sabemos que José, num primeiro momento, temeu receber Maria como esposa. Mas a ação de Deus, por meio de seu mensageiro, um anjo glorioso, reconfortou as dúvidas de José. Maria, mulher amada por Deus e por José.

Mãe, esposa, serva de Deus, tenda de amor – algumas das características femininas de Nossa Senhora, que a fazem ser plenamente uma mulher de Deus, toda cheia do Espírito Santo e voltada, com olhos e coração, para a luz que ilumina nossos caminhos, seu filho Jesus Cristo.

Num mundo onde ainda existem tantos preconceitos e discriminação contra a mulher, a pessoa de Maria ilumina mentes e corações para que se siga lutando pela igualdade e dignidade dos gêneros. Mulheres e homens, criaturas de

Deus, são diferentes entre si, complementam-se e têm cada um suas belezas e misérias. Não há superioridade de um sobre outro, mas deve existir sadio equilíbrio que garanta a felicidade de ambos.

Vamos rezar:

Maria, mulher forte e humilde, serva de Deus e dos mais necessitados, corredentora e medianeira das graças, auxiliai--nos na missão de entender a beleza da Criação, as diferenças de gêneros, o respeito absoluto pelo feminino, que completa, ao lado dos homens, a beleza ímpar de tudo o que foi criado pelo amor de Deus. Amém!

Maria, mãe da piedade!

Nosso povo aprendeu a amar Nossa Senhora. Para ela rezamos, acendemos velas, fazemos promessas, derramamos lágrimas, imploramos pela saúde e felicidade. Mas, no meio de tantas devoções, corremos o risco de esquecer que Maria foi uma mulher do povo e que tinha um coração humano como cada um de nós. Ela amou, sorriu, sofreu, sonhou, cantou! Se nos esquecemos da humanidade de Maria, estamos contrariando o projeto de Deus. Maria é amada como uma grande mulher justamente porque foi profundamente humana.

Em nosso corpo, o órgão que simbolicamente guarda nossas emoções humanas é o coração. Nele guardamos alegrias e tristezas, e geralmente são as páginas difíceis da vida que nos ajudam a ser mais humanos – o sofrimento mostra a nossa fragilidade e nossa dependência de Deus. Maria guardava tudo no coração, cada gesto, palavra ou sentimento, que vinha de Jesus. Maria recolhia tudo naquele lugar sagrado chamado coração e refletia no silêncio de sua vida!

Nesse coração materno, Maria guardou também muitas dores, sofrimentos ao longo da vida, espadas cortantes que a fizeram sofrer – *"eis que uma espada de dor traspassará seu coração"* (Lc 2,35), profetizou Simeão no Templo.

A primeira angústia do coração de Maria foi sentir-se confusa com o anúncio do anjo sobre sua gravidez. Ela foi corajosa em dizer sim, marcou a nossa história, mas isso não significa que tudo correu bem depois disso. Ao contrário, a angústia na Anunciação prolongou-se pela desconfiança de José, na fuga para o Egito, na aventura de viver escondida para salvar o filho. Quem seria capaz de imaginar a dor da mãe nesses momentos? Tenho certeza de que somente uma mãe que sofreu e sofre por causa de seus filhos consegue entender o que Maria passou naqueles momentos.

Não costumamos dar muita atenção ao fato da fuga de Maria e José com o menino para o Egito. Acostumados com a tranquilidade de viagens em ônibus e carros, nos quais temos conforto e bem-estar, esquecemos que naquele tempo a família sagrada deve ter viajado em condições precárias. Imagine uma mulher grávida percorrendo cerca de 120 quilômetros num lombo de jumento, enfrentando montanhas isoladas e perigosas?

E, antes mesmo de Jesus nascer em Belém, o que dizer do desespero em não encontrar pouso e precisar recorrer a um estábulo, nos fundos da hospedaria? Esses primeiros tempos após a Anunciação não foram nada fáceis, e a dor maior ainda estava por vir, na hora da Cruz. Ali, naquele monte, Maria iria enfrentar a sua maior agonia, contemplando o filho agonizando no madeiro, sem nada poder fazer, apenas silenciar e orar. O coração de Maria, como qualquer coração humano, conheceu a dor e o sofrimento. Por isso ela entende nossas dores.

Vamos rezar:

Bendita sejais, Senhora da Piedade, ouvi nossos clamores e súplicas, mãe dos pecadores. Ouvi nosso grito de desespero, socorrei-nos na hora da angústia, dai-nos alívio na hora da dor. Senhora das Dores, rogai por nós!

Maria, mãe da Igreja!

Jesus nos deixou uma grande certeza. Ele disse que onde duas ou mais pessoas se reúnem em seu nome, para rezar, louvar, trabalhar pelo Reino de Deus, Ele mesmo se faz presente. Por isso, na santa missa, a presença de Jesus Ressuscitado é indubitável, afinal o Filho de Deus jamais poderia desonrar sua Palavra, que é Vida Plena. A vida em comunidade, nesse sentido, é um dos tesouros mais ricos da Igreja Católica. A própria palavra grega *"Ekklesia"* (Igreja) significa comunidade reunida em louvor e oração!

Não é por acaso que a Igreja nasceu justamente em um momento de oração comunitária. Reunidos em um lugar fechado, escondidos por meio da perseguição, os Apóstolos e, com eles, Maria, a mãe de Jesus, recebem a força do Espírito Santo. Esse dia, chamado de Pentecostes, marca o nascimento da Igreja, comunidade de fé, de caridade e de oração! E perceba o detalhe do texto bíblico: a mãe de Jesus estava com os apóstolos nesse dia. Ela, que viu nascer Jesus, viu também nascer a Igreja de seu filho! Desde o começo Maria está junto com a comunidade. Ela vê crescer a obra de seu filho e se projeta como uma figura especial no cristianismo. Existem registros antiquíssimos de que os cristãos celebravam a memória de Maria já nos primeiros tempos da Igreja.

O fato de tê-la hoje como intercessora nos atesta que Maria é muito importante para a Igreja e para cada um de nós. Se ela não tivesse sido importante para os católicos, certamente hoje não a louvaríamos com tantos gestos e palavras. A presença amorosa de Maria na Igreja cresceu junto com a consciência de que Jesus era Filho de Deus. O filho é que concede à mãe a autoridade para que se torne mãe de toda a sua Igreja. Esse gesto de entrega aconteceu no momento de sua crucifixão!

Como mãe da Igreja, Maria zela para que seus filhos mantenham a unidade da fé, mas ao mesmo tempo ela respeita cada um daqueles que estão unidos na fé pelo batismo. No fundo, Maria age como qualquer mãe: ama cada um dos filhos, mas sabe que eles são diferentes e têm necessidades diferentes uns dos outros. A medida do amor acompanha a necessidade de seus amados.

Por isso é que aqueles mais necessitados são mais amados. Não quero dizer com isso que aquele que está bem, com a vida em harmonia, sem necessidades materiais, não seja amado. Mas na hora de dedicar carinho aos filhos, a mãe certamente olha na direção dos mais desprovidos afetiva e materialmente. Isso significa optar pelos mais pobres. É assim que Maria olha para nós; quando somos pobres diante de Deus, somos mais amados! *"Bem-aventurados os pobres porque deles é o reino dos Céus"* (Lc 6,20).

Seguindo o exemplo de amor de Jesus e de Maria, a Igreja esforça-se também para estar ao lado dos mais sofredores, ainda que nem sempre sua ação seja visível para o mundo. A igreja trabalha em silêncio, nos hospitais, asilos, orfanatos, creches, enfim, onde o ser humano está abandonado. Nesses e tantos outros lugares, é possível encontrar homens e mulheres que em nome da Igreja realizam obras maravilhosas. Junto com eles, intercedendo pelo sucesso do trabalho, está Maria, com sorriso de mãe e braços sempre abertos para acolher!

Que tal ser Igreja Comunidade e servir os mais pequeninos? Que tal pedir a Maria que nos dê coragem para trabalhar para o bem da Comunidade? Fica o desafio: ser cristão é muito mais que ficar em casa em oração! É preciso trabalhar para a construção do Reino de Deus.

Vamos rezar:

Maria, mãe da Igreja, sabemos que somos a comunidade dos seguidores de Jesus. Com Ele aprendemos o amor com palavras e com gestos concretos de misericórdia. Dai-nos força e coragem em dispor um pouco do nosso tempo e da nossa vida para cuidar dos mais necessitados. Abri os nossos olhos para as carências humanas e dai-nos ser zelosos com a assistência humana, material e espiritual de nossos irmãos e irmãs! Amém!

Maria, mãe do Cristo, vencedor da morte!

Você já percebeu que nos dias de Páscoa nós saudamos Maria com uma oração diferente. Quando o sino repica, às seis da tarde, ao invés de rezarmos o "Ângelus", nós ouvimos e repetimos a oração que pede a Maria que se alegre, pois ela, como Rainha do Céu, assiste com especial atenção à festa da Ressurreição de seu Filho Jesus. *"Rainha do Céu, alegrai-vos, aleluia."*

Durante todo o tempo litúrgico da Páscoa, que vai desde o Domingo de Páscoa até a Solenidade de Pentecostes, os cristãos repetem essa oração. Na verdade, o tempo da Páscoa nos traz a certeza de uma nova Terra e um novo Céu. Tudo se renova com a vitória de Jesus sobre a morte, e marcamos essa vitória com essas jubilosas orações que nos brotam do coração.

Graças à nossa confiança em Maria, Rainha do Céu e Mãe do Cristo Ressuscitado, nós podemos manter viva nossa fé, ainda que a realidade tenha a aparente vitória da morte. Basta olhar ao redor para que sejamos surpreendidos pelas marcas da violência, das desigualdades, das misérias materiais e espirituais que nos cercam a toda hora. Se abandonarmos o olhar da fé, certamente ficaremos decepcionados e desanimados. Vamos cair no comodismo e achar que nada podemos fazer contra tanta coisa ruim. Sem a fé nada parece ter sentido, nem mesmo a nossa vida.

Mas como diz a canção popular: *"Andar com fé eu vou"*, porque a fé não costuma decepcionar. E a minha fé está alicerçada em Cristo, base e fundamento de todas as minhas esperanças. Mas também conto com a fé na proteção da Virgem Maria. Quando alguma tribulação assaltar sua vida, você pode clamar com alta voz: *"Ficai comigo, mãe de Deus, porque a vós entrego minha causa".*

Por isso e por tantas outras razões, nós nos alegramos com Maria no tempo de Páscoa. Ela trouxe o menino Jesus em seu ventre e a Ele dedicou tempo e carinho. Por isso, na Ressurreição, ela é a primeira a se alegrar. E ela, que no coração guardava todas as coisas, nem precisou ir até o sepulcro para conferir a vitória do filho sobre a morte. Ela sabia e acreditava nas palavras de Jesus: *"Chegou a hora em que o Filho do Homem vai ser glorificado. Em verdade, em verda-*

de, vos digo: se o grão de trigo que cai na terra não morre, fica só. Mas, se morre, produz muito fruto. Quem se apega à sua vida, perde-a; mas quem não faz conta de sua vida neste mundo, há de guardá-la para a vida eterna" (Jo 12,20-26). Com paciência Maria aguardou o terceiro dia, o domingo, e regozijou-se na manhã da Ressurreição. Ainda que tenha sofrido ao contemplar a cruz, alegrou-se ainda mais ao experimentar a Ressurreição.

Vamos rezar:

Rainha do Céu, alegrai-vos, aleluia.
Porque aquele que merecestes trazer em vosso puríssimo seio, aleluia.
Ressuscitou, como disse, aleluia.
Rogai a Deus por nós, aleluia.
Exultai e alegrai-vos, ó Virgem Maria, aleluia.
Porque o Senhor ressuscitou verdadeiramente, aleluia.

Maria, mãe do agradecimento!

Precisamos recuperar o sentido da palavra "agradecimento". Tenho observado que somos experientes em pedir e suplicar, mas ainda somos muito lentos em agradecer. Até mesmo a expressão *"muito obrigado"* parece estar fora de moda! Passamos tempo demais pedindo e implorando. Sabemos que Deus ouve nosso clamor, mas Ele deve ficar bem feliz quando ouve de nós um agradecimento. Diga agora com força, acreditando nas palavras: *"Obrigado, meu Pai, por tudo que realizais na minha vida"*.

A força que nos inspira a agradecer vem do Espírito Santo. Ele é quem nos convida a louvar a Deus. O Espírito Santo é fogo abrasador, é dinâmica transformadora, é luz que ilumina na escuridão. Dele os discípulos receberam a força para evangelizar, a Igreja nasceu pela ação do Espírito Santo. O mesmo Espírito de Deus foi quem envolveu o ser de Maria desde sempre. Preparada pelo Senhor para ser a mãe de seu filho, Maria foi, é e sempre será cheia de graça, plena do Espírito Santo. Ela foi agraciada com os dons do Espírito Santo e concebeu o Filho de Deus por meio dessa mesma força divina. Em Maria tudo era voltado para Deus, desde as coisas mais simples até as maiores decisões.

Uma das mais sublimes passagens do Evangelho mostra exatamente o carinho que Maria tinha por Deus. Inspirada pelo Espírito, Maria canta as maravilhas que recebeu em sua vida e agradece. O canto do "Magnificat" é um grande hino de adoração profética, afinal, nesse canto, Maria consegue exprimir a imagem de um Deus que está ao lado dos mais necessitados.

Quando brota de seus lábios e de seu coração a expressão: *"Exulta meu Espírito em Deus meu Salvador"* (Lc 1,47), temos certeza absoluta de que em Maria só havia espaço para viver a vontade de Deus. Ela reconhecia que Deus era Único, Aquele que a tinha escolhido para ser mãe. Temos muito que aprender com Maria, sobretudo sua fidelidade e seu amor a Deus! Ela nos deixa claro que a Salvação é garantida unicamente pelo amor de Deus. Não há outro meio de ser redimido senão na fidelidade absoluta ao Amor. E ao indicar esse caminho, Maria torna-se intercessora, seta que indica o caminho, farol que indica o rumo a ser seguido nos mares turbulentos da vida.

Por isso, é preciso ter muita clareza em nossa devoção mariana. Muitas vezes, nós católicos exageramos demais e isso provoca críticas de nossos irmãos evangélicos. O verdadeiro cristão católico entende que Maria é intercessora, medianeira, mas ela jamais ocupa o lugar redentor de seu filho. Ela apenas recolhe rapidamente nossos pedidos e os deposita aos pés de Jesus. A mãe de Jesus e todos os santos homens e santas mulheres que estão ao lado de Deus podem auxiliar-nos na busca de Deus, mas nunca podem substituir o Pai. Mas isso não é nenhuma novidade, afinal Maria já disse nas bodas em Caná da Galileia: *"Fazei tudo o que meu Filho vos disse*r" (Jo 2,5). Esse pedido ecoa em nós até hoje. Amemos Maria. Nela e com ela agradeçamos a Deus Trindade que tanto amor derrama sobre nós.

Vamos rezar:

Muito obrigado, Mãe querida, por ser a indicadora do Caminho verdadeiro, vosso Filho Jesus. Sabemos que somos eternos pedintes de graças, são tantas nossas necessidades, mas hoje nada queremos pedir, senão agradecer de coração vossa materna e carinhosa presença em nossa vida. Recebei nosso sincero agradecimento, nosso "muito obrigado" de coração! Amém!

Maria, mãe da juventude!

Nosso Pai do Céu sabe de nossas necessidades e no seu plano misterioso de amor nos concede tudo aquilo que nos vai fazer melhores, ainda que não compreendamos seus caminhos. Além disso, podemos contar com o colo carinhoso de Nossa Senhora. Sendo mãe, ela sabe dar a seus filhos conforme a necessidade de cada um. Sabe aconchegar na solidão e na tristeza, mas também sabe orientar e até corrigir quando nos afastamos dos caminhos de Deus.

Há quem diga que um dos momentos mais difíceis da vida é a juventude. Mas também essa idade é uma das mais belas da vida. Se por um lado a juventude é marcada pela rebeldia, descrença e mesmo afastamento das coisas de Deus, por outro lado é na juventude que temos sonhos, enfrentamos desafios sem medo, queremos transformar o mundo. Ser jovem não é fácil, mas todos nós passamos por isso!

Maria cuida da juventude com muito carinho. Ela sabe que esse período da vida precisa de muito apoio. Por isso ela ouve com carinho a voz de mães e pais que pedem pelos filhos. Maria nunca deixa passar sem auxílio as lágrimas de pais feridos pelo desespero e pelo sofrimento de ver seus filhos em situações delicadas.

Mas Maria ouve também a voz dos próprios jovens. Quantos jovens estão sempre em oração, consagrando tempo para estar em sintonia com Deus e com Maria. Acho tão bonito quando entramos numa celebração e vemos a igreja cheia de rostos jovens. Eles são a esperança da Igreja, e nós temos que dar apoio para que cresçam e aprendam a zelar pela comunidade.

Outro dia, no Santuário Nacional de Nossa Senhora Aparecida, alguns jovens, sentados no chão e com terço nas mãos, rezavam as *"Ave-Marias"*, reunidos em um círculo, atraindo a atenção das pessoas que por ali passavam. Não tinham vergonha de sentar no chão, nem de rezar em voz alta suas orações. Estavam à vontade na casa da Mãe do Céu, felizes e com olhar esperançoso.

Uma senhora, vendo a cena, comentou emocionada: *"Queria tanto que meu filho fizesse isso também, mas ele está tão rebelde!"*. Consolei-a, dizendo que todos têm sua hora na vida e que seu filho encontraria o caminho de volta para a casa do Pai. Mas que ela rezasse e consagrasse seu filho a Maria. Ela intercede por nós, confiemos!

Vamos rezar pelos nossos jovens, vamos pedir a Nossa Senhora que os proteja, vamos dar mais amor e carinho para nossos filhos e netos, que precisam de nossa presença e amizade.

Vamos rezar:

Maria, jovem menina de Nazaré, que desde a mais tenra juventude assumiu a responsabilidade de ser a mãe do Filho de Deus. Zelai pelos nossos jovens, especialmente pelos que estão envolvidos pelas cadeias do pecado. Olhai também pelos pais, para que tenham sabedoria na hora de educar seus filhos. Mãe da Juventude, rogai por nós!

Maria, mãe da oração!

Rezamos com fé e com alegria. Rezamos porque acreditamos que nossa oração faz nossa vida ser diferente. Enfim, rezamos porque este é um mandamento do próprio Jesus que nos deixou: orai todos os dias sem cessar!

Maria rezava sempre. Em primeiro lugar, ela rezava porque era uma mulher judia e tinha aprendido de seus pais que a oração liga os seres humanos com Deus. Oração é diálogo amoroso com o Pai do Céu. O povo judeu é um povo de oração. Basta ver os salmos que até hoje rezamos. Os salmos eram recitados por todos os judeus. As mulheres rezavam separadas dos homens, tinham lugares reservados nas sinagogas, mas eram profundamente religiosas. Até hoje as mulheres seguem sendo a grande maioria em nossas comunidades, não é verdade?

Maria rezava porque era uma mulher de fé. Ela acreditava nas promessas de redenção que Deus tinha feito a seu povo e por isso não se cansava de ouvir as Escrituras, imaginando quem seria a pessoa que viria libertar seu povo.

Será que algum dia ela imaginou que Deus a escolheria entre todas as mulheres da terra para ser a mãe de Jesus, seu filho querido?

Mas, sim, foi ela a escolhida! A bonita canção assim nos fala: *"Uma entre todas foi a escolhida, fostes tu, Maria, serva preferida"*. Surpreendida pelo amor de Deus, Maria consagrou-se totalmente ao projeto do Pai e disse sim. Com isso, sua vida de oração só fez ficar ainda mais fervorosa.

Maria rezava esperando o nascimento de Jesus; sonhava em acalentar o filho e ensiná-lo a amar a Deus. Maria rezava nas horas da angústia, pois somente em Deus ela podia encontrar refúgio. Maria rezava nas horas da incerteza, pois somente Deus conseguia iluminar os caminhos escuros e incertos. Mulher de oração, ela soube fazer de cada palavra pronunciada uma prece de louvor e reconhecimento da grandeza do Pai do Céu.

Maria também rezava com seus gestos concretos de partilha. Suas preces eram reconhecidas pela atenção que dava aos pequenos e necessitados, no carinho em acolher os mais abandonados, no serviço gratuito em favor dos necessitados. Das poucas vezes que encontramos Maria nos Evangelhos, encontramo-la sempre em atitude de oração e de serviço. Encanta-nos a singeleza das ações de Nossa Senhora!

Como seria bom se pudéssemos conversar com ela ao menos um pouquinho e aprender coisas sobre a vida e sobre Deus! Ei, espere! Nós podemos sim conversar com Maria! A oração que fazemos a Nossa Senhora nada mais é que um diálogo de amor. Há quem diga que quando rezamos em silêncio, naquele silêncio profundo, conseguimos ouvir a voz de Maria rezando conosco. Então o que estamos esperando?

Vamos rezar:

Mãezinha do Céu, queremos aprender convosco o dom da oração sincera. Dai-nos palavras certas, sentimentos de adoração e fé, para que nossa oração chegue ao coração amoroso de Deus Pai. Mãe da oração, rogai por nós!

Maria, presente na história da Igreja!

Quando olhamos a história das comunidades cristãs e a formação da Igreja Católica, vamos encontrar coisas maravilhosas sobre Maria. Desde o início, o povo de Deus devota a Maria honras e orações, provando que a mãe de Jesus ocupa um espaço importante na vida e na liturgia da Igreja.

Já em pinturas antigas podemos encontrar representações de Maria. Em Roma existe uma pintura, num dos famosos cemitérios romanos, onde vemos um bispo doando o hábito a uma virgem. Ao lado do bispo está Maria e embaixo pode-se ler a seguinte inscrição: "Ó minha filha, tomai esta mesma como modelo". É uma simples cena litúrgica que nos diz ser bem antiga a cerimônia de tomada de hábito de uma religiosa, à qual Maria é apontada como um exemplo a seguir.

Na história da liturgia cristã, encontramos indícios muito claros de que o culto a Nossa Senhora é muito antigo, mas não havia exageros, uma vez que, num ambiente cercado de entidades pagãs, Maria poderia ser confundida com uma deusa qualquer. Assim, a memória de Maria foi conservada com respeito, mas com cautela. Sabemos que Maria é senhora nossa, mãe de Deus e mestra da fé, mas nunca pensamos que ela seja deusa. Ela é mulher santa, mas jamais uma substituta de Deus.

No século V já é possível encontrar muitas coleções de orações dedicadas a Maria. E também já encontramos comemorações especiais dedicadas a Nossa Senhora. As festas que, desde os primeiros séculos, se celebram em honra de Nossa Senhora são testemunhos da veneração que os discípulos de Jesus tiveram para com sua santa Mãe. As festas mais antigas em honra de Maria são a Anunciação, a Purificação e a Natividade.

Uma das mais antigas orações litúrgicas dedicadas a Maria reza o seguinte: *"De novo e mais uma vez ainda, façamos memória da verdadeiramente feliz e preconizada por todas as gerações da terra santa, abençoada, sempre Virgem Maria, Mãe de Deus. Abençoada seja Maria e bendito o fruto que dela saiu"*.

Hoje, celebramos Maria porque somos herdeiros de uma tradição que sempre respeitou a mãe de Jesus. Não inventamos a devoção a Nossa Senhora. Esses louvores sempre foram marcas do cristianismo, desde quando o próprio Jesus, na cruz, entregou-a aos cuidados do apóstolo João e da Igreja que nascia. Por isso, louvemos hoje e sempre a grande mãe de Deus, Maria Santíssima.

Vamos rezar:

Maria, mãe da Igreja, desde sempre os cristãos a reconhecem como merecedora de louvores. A Igreja vos tem como Mãe e em vós deposita confiança, afinal vossa intercessão jamais abandona aquele que vos toma como protetora e medianeira das graças. Ajudai-nos, Maria, a sermos verdadeira Igreja de Jesus, a amar nossa fé católica, defender os valores de nossa religião e educar as futuras gerações no seguimento de vosso Filho Jesus. Mãe da Igreja, rogai por nós!

Bênção das Rosas

Rezando com a Mãe Aparecida

Todos os dias no programa *Bem-Vindo Romeiro*, na TV Aparecida, temos rezado com os devotos do Brasil inteiro a bênção das rosas, diante da imagem de Nossa Senhora Aparecida.

Muitas graças estão sendo derramadas nas famílias por meio dessa singela oração. Oferecemos nossas necessidades e agradecimentos por meio de um botão de rosa, que abençoado pelo Espírito Santo de Deus, é depositado aos pés da Mãe Aparecida.

Assim, presenteamos você com esta oração, para que sempre que quiser e precisar, você possa parar um instante, colher uma flor e, rezando, oferecê-la a Nossa Senhora!

Boa oração e boa leitura!

Com carinho,
o autor.

Bênção das Rosas

Pai de Bondade, Criador de todas as coisas, doador das graças espirituais, que nos concedeis com generosidade a salvação, dai pelo Espírito Santo a vossa bênção a esta rosa, que nós apresentamos hoje aos pés de vossa Mãe querida, Nossa Senhora Aparecida. Por meio dessa singela flor, possam entrar em nossa casa a paz e a alegria, a saúde e a proteção, e que sigamos vivendo plenamente os ensinamentos de vosso Filho Jesus, nosso Redentor. Amém!

Índice

1. Minha mãe é Maria! _____ 5
2. Maria, escolhida do Senhor! _____ 7
3. Maria, glorificada em Deus! _____ 10
4. Maria, mãe da confiança! _____ 13
5. Maria, conselheira espiritual! _____ 16
6. Maria, mãe das dores! _____ 19
7. Maria, mãe da esperança! _____ 22
8. Maria, uma história de fé! _____ 25
9. Maria, mãe do Redentor! _____ 28
10. Maria, mãe de Jesus e nossa mãe! _____ 31
11. Maria, mãe dos necessitados! _____ 34
12. Maria, coração que tudo acolhe! _____ 37
13. Maria, mãe de Fátima! _____ 40
14. Maria, mãe da verdadeira devoção! _____ 43
15. Maria, Santa Maria! _____ 46

16. Maria, muitos títulos, uma só mulher! _____ 49

17. Maria, mulher de doce nome! _____ 53

18. Maria, modelo de oração! _____ 57

19. Maria, mãe das memórias amorosas! _____ 60

20. Maria, Nossa Senhora! _____ 63

21. Maria, mulher de ação e oração! _____ 65

22. Maria, segundo São Marcos _____ 68

23. Maria, segundo São Mateus _____ 71

24. Maria, "Teotókos", mãe de Deus! _____ 74

25. Maria, mestra da oração! _____ 77

26. Maria, Rainha do céu e da terra! _____ 80

27. Maria, proclamadora da divindade de Jesus! _____ 83

28. Maria, como é bom poder vos louvar! _____ 86

29. Maria, discípula de Jesus! _____ 89

30. Maria, mãe da Eucaristia! _____ 92

31. Maria, mulher do plano de Deus! _____ 95

32. Maria, cheia de graça! _____ 98

33. Maria, mulher de fé! _____ 101

34. Maria, educadora de Jesus! _____ 104

35. Maria, exaltada pelos teólogos! _____ 108

36. Maria, mãe dos cristãos! _____ 111

37. Maria, Arca da Aliança! _____ 114

38. Maria, Nossa Senhora de Lourdes! _____ 117

39. Maria, virgem do silêncio! _____ 120

40. Maria, mulher quaresmal! _____ 123

41. Maria, mãe Aparecida! _____ 126

42. Maria, serva de Deus! _____ 130

43. Maria, silêncio aos pés da cruz! _____ 133

44. Maria, mãe dos humildes! _____ 136

45. Maria, mãe da vida! _____ 139

45. Maria, mãe do Cristo, nossa Páscoa! _____ 142

46. Maria, mãe da verdade! _____ 145

47. Maria, meu belo amor! _____ 147

48. Maria, esposa do Espírito Santo! _____ 150

49. Maria, feminilidade amorosa! _____ 153

50. Maria, mãe da piedade! _____ 156

51. Maria, mãe da Igreja! _____ 159

52. Maria, mãe do Cristo, vencedor da morte! _____ 162

53. Maria, mãe do agradecimento! _____ 165

54. Maria, mãe da juventude! _____ 168

55. Maria, mãe da oração! _____ 171

56. Maria, presente na história da Igreja! _____ 174

57. Bênção das rosas
   – Rezando com a Mãe Aparecida _____ 177